법의 숲에서 헤매는 인생들

국립중앙도서관 출판시도서목록(CIP)

법의 숲에서 헤매는 인생들 : 진리와 생명의 법을 찾아서 /
지은이: 박정원. ― 고양 : 크리스챤연합신문, 2014
240p. ; 152x225cm

ISBN 979-11-85779-00-3 03210 : ₩15000

법(법률)[法]
종교 지도자[宗敎指導者]
리더십[leadership]

360.0004-KDC5
340.02-DDC21   CIP2014014225

법의 숲에서 헤매는 인생들

1판 1쇄 인쇄 2014년 6월 21일
1판 1쇄 발행 2014년 6월 30일

지은이 박정원

발행인 지미숙
편집장 김민선
디자인 참디자인

펴낸곳 크리스챤연합신문
주   소 경기도 고양시 일산서구 주엽동 50번지 강선마을 6단지 상가 B03
이메일 cupress@hanmail.net
등   록 2001. 08. 31 / 제 300-2001-171호

ISBN 979-11-85779-00-3 03210

법의 숲에서 헤매는 인생들

박정원 지음

크리스찬연합신문

법의 숲에서 헤매는 사람들은 "저 사람은 법 없이도 살 수 있는 사람이야"라는 말을 듣고 싶어 한다. 나도 한때 법 없이도 살 수 있기를 원했다. 하지만 많은 법과 관계된 사건을 겪고 복잡한 법률에 대한 일들을 목격하고 법의 무수한 간섭을 받으면서 무거운 법의 무게에 짓눌린 불쌍한 사람이라는 것을 실감했다.

사회 경력이 늘어나면서 법을 잘 활용하여 먹고사는 사람들과 법을 잘 모르고 법의 덫에 잘 걸려 신음하는 사람들을 많이 보았다. 법은 인간 실존의 문제이면서도 인생을 속박한다는 것을 깨닫고 나서 시한부의 인생살이를 어떻게 경영해야 하는지 고민했다. 성공한 사람들은 법을 잘 알지 못하고 법에 끌려가는 사람들을 어리석다고 나무라면서도 이용하려고만 한다. 법을 집행하는 자들의 횡포를 어찌하지 못하고 살아남기 위한 몸부림을 치고 있는 사람들의 절규를 외면하기 어려웠다.

하지만 이 세상에 법 없이 살아갈 수 있는 사람은 없다. 정의를 내세우는 많은 사람들의 삶의 내막을 깊숙이 들여다보면서 여러 곳에서 구린내가 나고 위선적인 어두운 면을 발견할 수 있었다. 사람들은 "법이 만인에게 평등해야 한다"고 주장하지만 실제로는 항상 어떤 특정인이나 집단의 노예가 되고 있다는 것을 보면서 이것이 불완전한 정의라는 것을 확인했다.

나는 이 글을 통해 법을 악용해 자신의 이익을 추구하며, 불리한 경우에는 교묘히 법망을 빠져나가 타인에게 피해를 주는 재주가 있는 사람들이 우주의 질서와 구원의 진리에 대해 고민하기를 바란다. 법 없이 살 수 있는 사람이 없는 것은 하나님의 뜻인 법의 지배 아래 태어나고 법의 질서 안에서 살다가 법에 의해 죽어야 하기 때문이다.

나는 지금 농부 하나님의 은혜로 농사지으며 말씀을 묵상하고 살아가면서 자연의 법칙에 순응하는 법을 배우고 있다. 삶의 진실함을 느끼면서 창조주 하나님의 뜻에 따라 법을 지키는 삶이 행복이라는 것을 알게 되었다. '심령이 가난한 자의 복이 무엇인가'를 실감하면서 생명과 성령의 법으로 인도하시는 하나님께 감사한다.

우리는 법에서 자유롭지 못하다. 법과 공존하는 힘은 참사랑에서 나온다. 하나님의 뜻인 법을 알면 법의 노예에서 해방될 수 있다. 인간이 만든 법은 법 적용과 운영의 묘미를 터득하는 사람에게만 유리하게 작용할 수 있지만 하나님의 법을 계시하는 성경은 그리스도의 진리가 불법으로부터 참자유를 누리게 해주기 때문이다.

이 세상은 하나님의 뜻(법)에 따라 경영되고 있기 때문에 하나님이 주신 구원의 법인 성경을 의지하지 않고서는 법의 진실을 깨닫기 어렵다. 법을 제대로 알고픈 사람은 먼저 성경 지식을 배우라고 권고한다.

이 책은 법의 숲에서 헤매는 사람들에게 유익을 줄 그 무엇을 제시하는 가운데 온갖 법 안에서 승리자가 되고 생명의 법 안에서 참 기쁨을 누리기를 기원한다.

홀로 큰 기이한 일들을 행하시는 이에게 감사하라 그 인자하심이 영원함이로다 지혜로 하늘을 지으신 이에게 감사하라 그 인자하심이 영원함이로다 땅을 물 위에 펴신 이에게 감사하라 그 인자하심이 영원함이로다 큰 빛들을 지으신 이에게 감사하라 그 인자하심이 영원함이로다(시 136:4~7).

사람들은 하늘을 우러러 부끄러움 없이 살기를 바란다. 자신은 법 없이 살 수 있다고 장담할 수 있는 사람은 없다. 인간은 법의 숲에서 무시로 닥치는 죄를 피하려고 헤매는 나그네이기 때문이다. 하지만 사람들은 이 땅 위에서 법 없이도 살 수 있는 좋은 사람이라는 말을 듣고 싶어 한다.

하늘을 바라보며 인생의 처분을 맡기고 살기를 바라는 사람은 자연 법칙 아래서 후회할 것이 없는 삶을 살기를 소망한다. 땅 위에 발을 붙이고 살며 인위적인 법의 통제와 제약을 받지 않고 살고픈 사람은 법이 없이도 평화로운 인생을 멋지게 살고픈 욕망이 강한 사람이다. 하지만 모든 인간은 자연의 법칙과 인간의 법의 속박으로부터 벗어나 참자유를 누리며 살 수 없는 연약한 존재들이다.

법이란 무엇인가?

광활하고 신비한 우주는 영과 육의 다양한 법의 옷을 입고 시공이라는 질서에 따라 운행하고 있다. 인간들은 신기한 법의 능력으로 어디론가 우주 공간을 달리고 있는 역사를 보며 창조와 섭리의 법은 무엇이고, 생과 사의 법에 매여 역사의 꼭두각시 문화를 연출하고 있는 인생은 무엇이며, 의문의 법 아래에서 엮어지는 인류 문화와 역사의 목적과 결국은 무엇인지 그 비밀을 알고픈 간절한 마음으로 우주를 향해 소리쳐왔다.

법에는 하나님이 만드신 자연 법칙과 인간이 자신들의 필요에 의해 만든 인위적인 법이 있다.

하나님의 법은 우주 창조와 그 역사 섭리로 나타난다. 빛과 어두움, 영과 육, 생명, 죽음, 화, 복, 사계절, 자연의 이치, 동식물의 삶, 무수한 별들의 운행 등 우주의 모든 존재들이 하나님의 법에 순종한다. 하지만 때 없이 폭풍우가 몰아치고 예고 없이 추위와 더위가 인류를 괴롭히는 것은 질서의 법 안에서 일어나는 현상이다. 성경은 자연의 법 안에서 섭리를 발견할 수 있는데 이 세상을 사랑하시고 구원하시는 법을 깨닫게 하는 창조주 하나님의 섭리라고 밝히고 있다. 그 법은 우주의 자연 법칙을 모체로 해서 인간 역사로 나타나는 현실이며 예수 그리스도의 세계라고 밝히고 있다. 창조신학에서는 하나님의 법 집행의 현실을 '하나님의 씨 뿌리는 우주 경영 법칙'이라고 말하고 영원히 변함이 없는 진리라고 말한다.

인간의 법은 안전하고 평화로운 삶과 유익을 추구하는 무리의 법칙에 의해 지도자가 만드는 규범이다. 인간의 법은 필요에 의해 다양한 옷으로 갈아입는다. 마음먹은 대로 수시로 만들고 수정하고 바꿀 수 있는 변덕스러운 성질을 갖고 있다. 인간의 법은 하나님의 율법을 모방하지만 진실성이 부족하고 한시적이다. 죄의 흔적 아래 만든 인간의 법은 하나님의 법이 온전히 세상을 지배하게 되면 사라지고 말 것이다.

인류 역사는 다양한 법들에 의한 작용을 삶의 흔적으로 남기고 있다. 자연의 법칙 아래 생존 법칙에 자극받아 발생하는 삶의 욕망과 관습과 전통의 다양한 문화가 만들어내는 갖가지 복잡한 법에 매여 형성되는 거대한 법의 숲에서 인생들은 헤매고 있는 것이다.

법의 숲은 선악이 공존하며 법적 논리로 서로 세력을 확장하려는 법의 각축장과 같다. 사람들은 원죄의 무거운 짐을 지고 각기 삶 속에서 발생하는 죄의 문제를 헤치며 인생길을 걸어가고 있다. 즉, 인간은 사회적인 무리 안에서 위태한 인생의 수레를 열심히 밀면서 개척해나가는 나그네다.

인생의 죄 짐의 무게는 누구나 다 같다. 죄 짐이 실린 인생 수레의 모양과 크기는 그 원리가 모두 같다. 그것은 법에 의한 것이기 때문에 알게 모르게 감당해야 하는 숙명이다. 하지만 사람마다 문화적 환경과 생활 환경에 따라 법과 만나는 경우가 달라, 법을 만나고 법의 문제를 해결하고 헤쳐 나가는 모습은 다르게 나타난다. 그것은 법에 의해 주어지는 수레의 무게가 다르고, 법에 대항하는 능력과 적응하고 활용하는 재주가 다르기 때문이다.

어떤 사람은 부모를 잘 만나 좋은 환경에서 가벼운 법의 수레를 끌고 평탄하고 마음 편안하게 갈 수 있지만 어떤 사람은 일생 동안 가난과 질병과 억압하는 법의 제약에 눌린 힘겨운 삶의 수레를 밀며 살아간다.

법의 숲에는 앞길을 가로막는 법의 걸림돌이 무수하게 깔려 있다. 사람마다 법을 헤쳐 나가는 방법은 제각각이다. 어떤 사람은 상대하기 두렵고 힘든 법을 만나 그 압박에 허덕이며 살고 어떤 사람은 만나는 법들을 잘 파악하고 오히려 법을 활용하며 이득을 챙기며 행복해한다.

> 너희는 내 규례와 법도를 지키라 사람이 이를 행하면 그로 말미암아 살리라 나는 여호와이니라(레 18:5).

우리가 바라보고 있는 우주는 피조물인 인간이 생각하고 이해하고 깨닫기 어려운 오묘한 진리와 신비로운 생명의 기이한 법으로 가득 차 있다. 자연 법칙인 중력과 인력에 의해 조종되고 있는 우주는 무수한 법으로 운행되며 그 법을 거슬러 살 수 있는 피조물은 없다. 성경은 하나님의 뜻이 지혜가 되어 말씀으로 우주를 만드시고 움직이신다고 말하고 있다. 하나님의 뜻은 우주 경영의 원동력인 법이 되었고 그 초월적 능력은 영과 육으로 나타나 자연 질서가 되고 생명의 법이 된다고 알려주고 있다.

하나님이 만드신 우주의 자연 법칙

태초에 하나님이 천지를 창조하시니라(창 1:1).

우주 창조의 진실에 대해서는 성경만이 확실하게 밝혀주고 있다. 이 세상의 어떤 종교나 철학, 과학, 진화론도 창조에 대해서는 입을 다물고 있다. 진리에 무지하기 때문이다. 성경은 하나님의 뜻과 법에 따른 장엄한 창조의 질서와 그 섭리를 계시하고 있다. 현대 과학은 하나님이 다스리시는 우주의 질서를 자연 법칙이라고 말하고 인간의 향상되어가는 능력으로 기존의 것들을 발견하고 개발하며 발전시켜나간다.

성경은 우주의 기본 질서가 되고 있는 자연 법칙을 이 세상을 창조하신 하나님의 뜻이며 말씀이라고 알려주고 있다. 하나님의 법으로 경영되는 우주를 보면 높은 산과 바다가 있고 해가 뜨고 밤이 되며 사계절이 있고 생물들은 씨를 뿌리고 가꾸고 열매를 맺고 죽는 것이 기본적인 법이다. 그리고 죽을 인간을 다시 살리는 인간 구원의 법이 공존하고 있다. 이러한 하나님의 창조 역사 섭리가 '하나님의 씨 뿌리는 우주 경영 법칙'으로 집행되고 있다.

하나님의 우주 창조는 빛이라고 하는 시간의 신기한 역사를 통해 온전하신 질서와 법칙으로 이루어졌다. 하나님은 6일에 걸쳐 하루마다 새로운 창조를 하시고 저녁마다 아침을 맞게 하시며 그 역사를 마치실 때마다 보시기에 좋았다고 하셨다.

첫째 날, 빛을 만드시고, 빛과 어두움을 나누시고 낮과 밤을 만드셨다.

둘째 날, 물 가운데 궁창(하늘)을 만드시고 물을 위아래로 나뉘게 하셨다.

셋째 날, 땅 아래의 물을 모아 바다를 만드시고 뭍(땅)이 드러나게 하셨으며, 풀과 씨 맺는 채소와 열매 맺는 나무를 종류대로 만드셨다.

넷째 날, 하늘에 광명체인 태양과 달과 무수한 별을 만드시고 그것들로 낮과 밤을 주관하게 하시고 징조와 계절과 날과 해를 이루게 하셨다.

다섯째 날, 물은 모든 생물을 종류대로 번성케 하시고 하늘에는 새가 날고 바다에도 생물이 충만하게 하시며 복을 주셨다.

여섯째 날, 땅은 생물을 그 종류대로 내되 가축과 기는 것과 땅의 짐승을 종류대로 내라 하시니 그대로 되었다. 또 가축과 땅에 기는 모든 것을 그 종류대로 만드시고 보시기에 좋았다고 하셨다.

영이신 하나님은 우주 만물을 말씀으로 영원히 소멸하지 않고 존재하도록 만드셨다. 우주 안에는 영이신 하나님을 경배하는 천사인 영적 피조물과 물리적인 몸을 입은 인간을 만들어 영과 육이 공존하며 역사를 이끌어가도록 섭리하셨다.

창조 마지막 날, 영이신 하나님은 물리적인 우주를 다스릴 청지기인 인간을 만드실 경이로운 생각을 하셨다.

하나님이 이르시되 우리의 형상을 따라 우리의 모양대로 우리가 사람을 만들고 그들로 바다의 물고기와 하늘의 새와 가축과 온 땅과 땅에 기는 모든 것을 다스리게 하자 하시고 하나님이 자기 형상 곧 하나님의 형상대로 사람을 창조하시되 남자와 여자를 창조하시고 하나님이 그들에게 복을 주시며 하나님이 그들에게 이르시되 생육하고 번성하여 땅에 충만하라, 땅을 정복하라, 바다의 물고기와 하늘의 새와 땅에 움직이는 모든 생물을 다스리라 하시니(창 1:26~28).

하나님은 창조 마지막 날인 여섯째 날에 인간을 만드시면서 생물들의 존재 이유와 역할에 대한 법을 확실하게 하셨다. 하나님은 "내가 온 지면의 씨 맺는 모든 채소와 씨 가진 열매 맺는 모든 나무를 너희에게 주노니 너희의 먹을 거리가 되리라 또 땅의 모든 짐승과 하늘의 모든 새와 생명이 있어 땅에 기는 모든 것에게는 내가 모든 푸른 풀을 먹을 거리로 주노라(창1:29~30)"라고 말씀하시며 흙으로 만드시고 생기를 부어주신 인간들이 질서의 법 안에서 생존하며 번성하는 방법을 알려주셨다.

　천지 만물의 창조를 다 이루시고 가동하게 하신 하나님은 일곱째 날을 복된 안식일로 정하시고 안식하셨다.

　하나님은 창조하신 우주를 맡아 다스릴 첫 사람 아담 부부를 위하여 동방에 에덴동산을 창설하셨다. 그 동산에는 아름답고 먹기에 좋은 나무를 심으시고 동산 중앙에는 특별하게 선악을 알게 하는 나무를 심어두셨다. 그리고 그 나무를 만지지도 말고 그 열매를 먹지 말라고 경고하시고 그 말씀의 법을 위반하면 죽게 된다고 엄히 명령하셨다.

하나님의 구원의 법칙

하나님의 자연 법칙을 위반하는 창조에 버금가는 큰 사건이 발생했다.

　태초의 어느 날 에덴 동산에서 살던 아담 부부가 뱀으로 가장한 마귀가 속삭이는 꾐에 넘어가 하나님의 법을 어기고 선악을 알게 하는 나무의 과실을 따 먹고 말았다. 하나님의 뜻에 불순종하며 준엄한 법을 거스르는 것은 절대 용서받지 못할 자연 법칙과 질서를 위반하는 큰 사건이다. 하나님은 인간에게 질서의 법을 위반한 죄의 대가를 치르게 하셨다.

> 아담에게 이르시되 네가 네 아내의 말을 듣고 내가 네게 먹지 말라 한 나무의 열매를 먹었은즉 땅은 너로 말미암아 저주를 받고 너는 네 평생에 수고하여야 그 소산을 먹으리라 땅이 네게 가시덤불과 엉겅퀴를 낼 것이라 네가 먹을 것은 밭의 채소인즉 네가 흙으로 돌아갈 때까지 얼굴에 땀을 흘려야 먹을 것을 먹으리니 네가 그것에서 취함을 입었음이라 너는 흙이니 흙으로 돌아갈 것이니라 하시니라 (창 3:17~19).

눈이 밝아져 선악을 알게 된 아담 부부는 몸이 벗은 줄을 알게 되고 부끄러워서 무화과나무 잎으로 치마를 만들어 입고 숲 속에 숨었지만 하나님은 그들을 찾아내 가죽 옷을 입히시고 에덴의 동산에서 추방하셨다. 그리고 그 죄의 올가미에서 빠져나오지 못하고 재범하지 못하도록 우주적인 형벌을 가하셨다.

> 여호와 하나님이 이르시되 보라 이 사람이 선악을 아는 일에 우리 중 하나 같이 되었으니 그가 그의 손을 들어 생명 나무 열매도 따먹고 영생할까 하노라 하시고 여호와 하나님이 에덴 동산에서 그를 내보내어 그의 근원이 된 땅을 갈게 하시니라(창 3:22~23).

에덴의 낙원에서 죄를 지은 인간을 추방하신 하나님은 그들이 다시는 영생하는 천국의 모형인 에덴동산으로 돌아오지 못하게 하셨다. 성경은 "하나님이 그 사람을 쫓아내시고 에덴 동산 동쪽에 그룹들과 두루 도는 불칼을 두어 생명 나무의 길을 지키게 하시니라"(창3:24)고 설명하고 있다.

마귀가 공중 권세를 잡은 이 세상으로 쫓겨난 인간은 죄의 무거운 짐을 지고 죽음을 맛보며 온갖 고난을 겪는 처량한 신세가 되어 무법의 천지를 헤매게 되었다. 인간이 주역이 되어 엮어가는 역사는 하나님의 뜻과 질서의 법에 불순종한 죄로 인해 시작되었지만 하나님은 인간이 지은 죄의 값을 온 우주가 다 함께 감당하도록 하셨다. 하나님의 법을 어긴 죄로 인해 인간이 맡아 관리하는 모든 우주가 함께 응징을 받게 하시는 하나님의 뜻과 그 법은 난해하기만 하다.

> 피조물이 허무한 데 굴복하는 것은 자기 뜻이 아니요 오직 굴복하게 하시는 이로 말미암음이라 그 바라는 것은 피조물도 썩어짐의 종 노릇 한 데서 해방되어 하나님의 자녀들의 영광의 자유에 이르는 것이니라 피조물이 다 이제까지 함께 탄식하며 함께 고통을 겪고 있는 것을 우리가 아느니라(롬 8:20~22).

인간들은 하늘을 향해 죄로 말미암은 죽음이라는 징계의 고통에서 구원해주실 것을 호소해왔고 온 우주의 피조물들도 구원을 바라고 있다. 성경은 "피조물이 고대하는 바는 하나님의 아들들이 나타나는 것이니"(롬 8:19)라고 알려주고 모든 피조물들도 인간이 외치는 구원의 소리에 동참하고 있다고 말한다.

> 창세로부터 그의 보이지 아니하는 것들 곧 그의 영원하신 능력과 신성이 그가 만

드신 만물에 분명히 보여 알려졌나니 그러므로 그들이 핑계하지 못할지니라(롬 1:20).

하나님께서 영의 능력으로 우주를 만드시고 법으로 다스리시는 심오한 비밀을 스스로의 능력으로 알고 깨달을 수 있는 피조물은 없다. 성경은 그 비밀이 피조된 만물 안에 감춰져 있다고 귀띔해주고 있다. 성경을 깊고 넓고 크게 바라보며 관찰하면 발견할 수 있다고 알려준다. 이 세상에서 유일하게 하나님의 우주 창조를 선언하는 성경만이 하나님의 뜻이 법이고, 말씀은 법을 집행하는 진리라는 사실을 계시하고 있다. 그러므로 모든 법을 만드신 하나님을 알려면 그 뜻이 담긴 생명의 법률책 성경 말씀을 알아야 한다. 모든 법의 존재 이유와 집행되어지는 역사의 실상과 역할과 결국을 깨닫게 해주기 때문이다.

영과 육의 법에 매여 사는 인간

내 속 곧 내 육신에 선한 것이 거하지 아니하는 줄을 아노니 원함은 내게 있으나 선을 행하는 것은 없노라 내가 원하는 바 선은 행하지 아니하고 도리어 원하지 아니하는 바 악을 행하는도다 만일 내가 원하지 아니하는 그것을 하면 이를 행하는 자는 내가 아니요 내 속에 거하는 죄니라 그러므로 내가 한 법을 깨달았노니 곧 선을 행하기 원하는 나에게 악이 함께 있는 것이로다 내 속사람으로는 하나님의 법을 즐거워하되 내 지체 속에서 한 다른 법이 내 마음의 법과 싸워 내 지체 속에 있는 죄의 법으로 나를 사로잡는 것을 보는도다(롬 7:18~23).

태초의 인간들은 법이 무엇인지 모르고 살았다. 도덕과 의리와 공존을 위한 책임만 있었다. 법을 모를 때는 삶이 단순했지만 법을 알게 되자 영의 법인 하나님의 자연 법칙 안에 인간의 육의 법이 만들어졌다는 사실을 깨닫게 되었다.

하나님을 떠난 인간의 마음속에는 선과 악의 두 법이 도사리고 서로 세력 확장을 하려고 다투고 있다. 인간의 힘으로 도저히 해결할 수 없는 이 난해한 문제를 해결해주시기 위해 하나님께서는 자연 법칙과 함께 성경 말씀을 주시고 율법으로 깨닫게 하셨다. 앞길을 모르는 법의 숲에서 방황하는 인간 구원을 위해 예수 그리스도를 보내주시고 초법적인 십자가의 속죄로 생명과 성령의 법에 따라 진리의 길로 나갈 수 있도록 은혜를 베풀어주셨다.

하나님이 전능하신 지혜로 창조하신 법에는 질서로 섭리하시는 구원의 뜻이 있다.

첫째, 우주 천지를 만드신 창조주의 우주 경영 법칙이 있다. 하나님은 창조의 뜻을 자연 질서를 통해 나타내고 역사하시기 때문에 모든 피조물은 그 자연의 법칙 아래서 자유롭지 못하다. 하나님은 빛과 어두움을 만들어 낮과 밤으로 구분하시고 봄, 여름, 가을, 겨울의 사계절을 만드시고 높은 산과 넓은 바다를 만드셨다. 모든 생물들은 태어나 살다가 죽는 씨 뿌리는 우주 경영 법칙의 지배를 받게 하셨다. 살아간다는 것과 살아남으려는 처절한 생존 문제는 자연 법칙과의 싸움이다. 그 법은 생명의 법칙이며 창조신학에서는 하나님의 씨 뿌리는 우주 경영 법칙이라고 말한다.

둘째, 선악이 교차하는 세상을 살아가는 인간들이 자신들의 안녕과 평화와 문화적 삶의 질을 향상시키려 만든 법이 있다. 하나님은 인간 구원의 섭리를 집행하시고 계신다. 죄의 무거운 짐을 지고 살아가는 인간을 불쌍히 보시고 구원의 손길을 내밀고 계신다. 사랑의 하나님은 죄로 물든 법의 숲에서 헤매는 온 우주가 구원의 섭리를 믿고 따르며 영생의 소망을 갖고 사랑의 완성에 동참하기를 원하고 계신다.

예수 그리스도의 세계

> 기록된 바 하나님이 자기를 사랑하는 자들을 위하여 예비하신 모든 것은 눈으로 보지 못하고 귀로 듣지 못하고 사람의 마음으로 생각하지도 못하였다 함과 같으니라 오직 하나님이 성령으로 이것을 우리에게 보이셨으니 성령은 모든 것 곧 하나님의 깊은 것까지도 통달하시느니라(고전2:9~10).

영이 죽은 인간들은 죄의 숲 속에서 눈이 어둡고 귀가 막혀 갈 길을 찾지 못하고 헤매어왔다. 법의 숲에서 진리를 찾아가던 나그네가 길을 잃고 헤매다가 철학자를 만나 어떤 길로 가야 하는지 물었다. 그러자 철학자는 갈 곳을 모르면 아무데도 갈 수 없다고 말했다. 내가 왜 이곳에 있는지, 내 인생이 어디로 향해 가는지, 어떤 목적을 갖고 사는지를 모르면 그 결국은 예비되어 있는 지옥의 유황불에 떨어질 수밖에 없다.

하나님은 이 세상을 사랑하사 예수 그리스도를 보내시고 인간의 죄를 사하시고 구원의 길을 열어주셨다. 하나님은 그리스도의 심판의 때까지 성령을 통해 인간들이 죄의 법으로 가득 찬 숲을 헤치며 참 빛을 좇아 영원한 생명에 이르도록 하셨다.

사람의 일은 사람의 속에 있는 영만이 알듯이 하나님의 일도 하나님

외에는 아무도 알지 못한다. 그래서 성령께서 친히 나서서 우리로 하여금 하나님께서 하시는 일과 그 구원의 은혜를 알게 하신다. 사람의 지혜가 아닌 하나님의 지혜로우신 우주 창조와 경영과 구원의 진리를 가르쳐주고 있다.

죄인을 찾아주신 하나님의 독생자를 성자 예수 그리스도라고 부른다. 사람의 이름처럼 어떤 것이 성이고 이름인지 구분해 이해하려고 하는 우매한 사람이 있다. 하지만 성자의 이름은 삼위일체 하나님의 뜻을 성취하시려는 역할과 사명을 나타내고 있다.

> 십자가의 도가 멸망하는 자들에게는 미련한 것이요 구원을 받는 우리에게는 하나님의 능력이라 (고전 1:18).

예수님은 죄인을 구원하시려는 속죄의 제물이 되시기 위해 인간의 몸을 입고 오셨다. 인간들이 스스로 죄를 깨닫고 속죄할 수 없다는 것을 아시는 하나님이 십자가라는 기이한 형벌을 대신 받아 구원해주시려고 하신 것이다. 하지만 메시야가 되시는 그리스도를 고대하던 이스라엘 민족은 오신 그리스도를 알아보지 못하고 십자가에 못 박는 역할을 담당하면서 그리스도를 배척하고 말았다. 성경은 "그는 실로 우리의 질고를 지고 우리의 슬픔을 당하였거늘 우리는 생각하기를 그는 징벌을 받아 하나님께 맞으며 고난을 당한다 하였노라 그가 찔림은 우리의 허물 때문이요 그가 상함은 우리의 죄악 때문이라 그가 징계를 받으므로 우리는 평화를 누리고 그가 채찍에 맞으므로 우리는 나음을 받았도다 우리는 다 양 같아서 그릇 행하여 각기 제 길로 갔거늘 여호와께서는 우리

모두의 죄악을 그에게 담당시키셨도다"(사 53:4~6)라고 하나님의 구원의 법에 따라 죄인을 위해 목숨으로 속죄하신 예수님께서 동족의 배신으로 고통받고 죽으셨다고 밝히고 있다.

예수 그리스도께서는 하나님이 세상을 사랑하사 구원하시려는 뜻을 알리기를 원하셨다. 생명을 사랑하는 구원의 법을 복된 소리로 전파하셨지만 이스라엘 민중은 이를 거부했다. 예수 그리스도께서는 메시야, 그리스도로 오신 것을 스스로 증명해야 했다. 그 사역을 위해 오병이어의 기적, 죽은 나사로를 살리시고 병들고 눈 먼 자를 보게 하시는 기적을 베풀어주시며 부활의 영광을 깨닫기를 원하셨다.

성경은 "여호와께서 그에게 상함을 받게 하시기를 원하사 질고를 당하게 하셨은즉 그의 영혼을 속건제물로 드리기에 이르면 그가 씨를 보게 되며 그의 날은 길 것이요 또 그의 손으로 여호와께서 기뻐하시는 뜻을 성취하리로다 그가 자기 영혼의 수고한 것을 보고 만족하게 여길 것이라 나의 의로운 종이 자기 지식으로 많은 사람을 의롭게 하며 또 그들의 죄악을 친히 담당하리로다"(사 53:10~11)라고 증언하고 있다. 하나님의 사랑의 뜻을 전하기 위해 제물이 되신 예수님의 행적에 골몰하는 후세의 목사들은 예수님의 기적을 증거하며 구원을 설명하려는 급한 마음에 그리스도를 신앙의 갓길로 몰아넣는 지경에 이르고 있다.

기복 신앙을 위주로 설교하는 세계적인 부흥사의 태반은 기도할 때 예수님의 이름으로만 한다. 번거롭다고 그리스도를 빼고 있다. 기적을 베푸신 예수님의 축복에 치중하며 은혜받기를 원하는 성도들의 욕망을 충족시키기 위해 예수님의 이름만으로 기도하고 있다. 또 교회 예배에서 기도를 할 때 목사는 예수님의 이름으로 하고 장로나 안수 집사의 일부는 예수 그리스도의 이름으로 기도하는 모순을 보이고 있다. 심지어 나사렛 예수의 이름으로 기도하는 사람도 있다. 하지만 그들도 설교할 때는 예수 그리스도를 증거하고 있다.

예수님의 공생애에서 기적은 성도들에게 큰 소망을 안겨주고 있다. 하지만 기적을 베풀어주신 예수님의 이름에만 집착하여 기적을 신앙의 목적으로 삼아서는 안 된다.

믿음 생활은 영농과 같다. 필요한 절차를 생략하거나 없애는 것은 하나님의 법을 무시하는 것과 같다. 성경은 "너희가 짐을 서로 지라 그리하여 그리스도의 법을 성취하라"(갈 6:2)고 충고하고 육체로부터 썩어질 것을 거두려고 하지 말고 선을 행하되 낙심하지 말고 성령으로 영생을 거두라고 권고한다.

> 그리스도 예수의 사람들은 육체와 함께 그 정욕과 탐심을 십자가에 못 박았느니라(갈 5:24).

성도는 예수님이 베푸는 기적을 감사한다. 하지만 내 믿음은 모양만 내고 현실적 삶 안에서의 기적만 추구해서는 안 된다. 예수님이 지신 고난의 십자가를 붙잡고 더 큰 구원과 영생의 기적을 소망해야 한다. 그러므로 예수 그리스도를 믿고 그 거룩하신 이름으로 기도하며 사랑해야 한다.

하나님께 돌아가는 법의 숲 길

> 깊도다 하나님의 지혜와 지식의 풍성함이여, 그의 판단은 헤아리지 못할 것이며 그의 길은 찾지 못할 것이로다 누가 주의 마음을 알았느냐 누가 그의 모사가 되었느냐 누가 주께 먼저 드려서 갚으심을 받겠느냐 이는 만물이 주에게서 나오고 주로 말미암고 주에게로 돌아감이라 그에게 영광이 세세에 있을지어다 아멘(롬 11:33~36).

영이신 하나님이 만든 물리적인 광활한 우주가 시간을 타고 흐르다가 다시 옛 자리로 돌아간다는 말씀은 죄로 악해진 현재를 창조의 때의 온전한 사랑으로 선하게 되돌리신다는 의미일까? 기적을 행하시는 하나님의 지혜와 초자연적 법의 능력을 확인시키시려 하신 말씀일까? 법의 숲을 헤매는 인간들이 본래의 선한 청지기 제사장의 지위를 회복시켜주시는 역사적 과정을 엿보게 하는 것일까?

법의 숲은 영이신 하나님의 능력이 시공의 현실 안에 나타나는 안개와 같은 현상이다. 영원으로 달리는 진리의 갓길로 나온 죄로 오염된 세계를 하나님이 선하게 변화시키시는 역사의 한시적 현장이며, 죄로 인해 멸망을 향해 달려가고 있는 인간을 사랑하는 하나님의 은총을 찾아가는 과정이다.

법으로 만들어진 숲은 하나님이 섭리하시는 참다운 법을 찾아 돌아가는 역사의 현장이다.

구원의 그리스도의 영적 법과 인간이 자신들을 위해 만든 전통 관습에 근거한 육의 법이 혼합하여 인간들을 짓누르고 있다. 영과 육의 법은 선과 악의 법이 되어 많은 문제를 안고 가로막고 있다. 또 합법과 불법이 대립하고 합리주의와 적당주의가 문제들을 더욱 복잡하게 만든다.

법의 숲의 모양은 보면 작은 들풀에서부터 큰 나무가 울창하고 작은 돌과 큰 바위가 널려 있다. 예쁘고 아름다운 꽃이 피어 있는가 하면 독버섯이 있고 사나운 짐승과 순한 양이 노닐고 있다. 무시로 무서운 번개가 치고 사나운 폭풍우가 몰아치기도 한다. 곳곳에 질병, 갈등, 미움, 탐욕, 절망, 범죄가 도사리고 있는가 하면 믿음, 소망, 사랑, 즐거움, 기쁨 등의 모습도 감추고 있다. 이런 모든 구성물들은 선과 악의 사연을 품고 나그네의 발길을 고달프게 한다. 어떤 사람은 악이 감춰진 장애물을 용하게 잘 피하기도 하지만 본의 아니게 부딪치며 고생하는 사람들도 있다.

법의 숲을 헤치고 나아가는 인생길은 법이라는 그림이 그려진 퍼즐 맞추기 게임과 비슷하다. 우주 집합체가 죄로 말미암아 흩어져버린 것을 본래의 모습으로 돌이키기 위해 짝을 찾아 맞춰나가고 있는 것이다.

우리의 죄로 흩어진 퍼즐의 짝을 맞추어나가면서 죄를 회개하고 믿음으로 사랑의 완성을 소망하며 겸손과 인내로 진리를 찾아 미지의 퍼즐을 짜 맞춰나가는 것이다. 실패의 반복을 거치지만 이겨내야 한다. 좌절하지 말고 인내하며, 잘 될 때 자만하지 말고 겸손하게 영과 육이 교차하는 퍼즐의 법을 따라 조각을 조합해야 한다.

법의 숲을 헤쳐 나가는 인생들은 내 유익을 위한 퍼즐 놀음에서 깨어나야 한다. 성경은 정욕 때문에 세상의 썩어질 것을 피하고 하나님의 약속을 믿고 영광된 신의 성품에 참예하라 권고하면서 그 비결을 "그러므로 너희가 더욱 힘써 너희 믿음에 덕을, 덕에 지식을, 지식에 절제를, 절제에 인내를, 인내에 경건을, 경건에 형제 우애를, 형제 우애에 사랑을 더하라"(벧후 1:5~7)고 충고하고 있다.

법의 숲을 헤쳐 나가는 인생의 퍼즐 게임은 그리스도께 성령의 열매를 드리는 영농의 과정과 같다. 하나님께로 돌아가라는 뜻과 법에 순종하며 영원한 나라에 들어갈 준비를 하는 것이다.

영적 법의 문제들이 앞길을 가로막을 때 내 능력과 자유의지의 힘으로 해결하며 나아갈 수 있다고 착각하면 큰 낭패를 당한다. 자신이 부족한 존재라는 것을 인정하고 회개해야 한다. 자연 법칙과 성경의 계시를 마음에 새기고 성령의 인도로 연단하며 이겨나가야 한다. 법의 숲은 확실한 목적을 가지고 선한 결과를 바라는 마음으로 헤쳐나가야 한다. 맹목적으로 법의 문제와 부딪히는 것은 만용이다. 이제 법의 숲 현장에서 어쩔 수 없이 만나게 되는 여러 복잡한 모양의 문제로 가득 찬 법 앞에서 방황하고 있는 나를 찾아보자.

제**1**부

법의
숲에서
헤매는
인생들

01

인간이 만든 법의 발자취

인간의 법의 태동

> 내 아들아 나의 법을 잊어버리지 말고 네 마음으로 나의 명령을 지키라 그리하면
> 그것이 네가 장수하여 많은 해를 누리게 하며 평강을 더하게 하리라 인자와 진
> 리가 네게서 떠나지 말게 하고 그것을 네 목에 매며 네 마음판에 새기라 그리하
> 면 네가 하나님과 사람 앞에서 은총과 귀중히 여김을 받으리라 너는 마음을 다
> 하여 여호와를 신뢰하고 네 명철을 의지하지 말라 너는 범사에 그를 인정하라 그
> 리하면 네 길을 지도하시리라(잠 3:1~6).

사람들은 누구나 건강하고 평안하며 행복하고 지혜롭게 살기를 바란
다. 내 마음대로 생각하고 행동할 수 있기를 원한다. 그러나 사람들이
바라는 기준은 제각각이고 제멋대로다. 그래서 억제시키고 통제하는 법

적 장치가 필요하다. 법은 관습과 전통 율례에 근거하여 만들어지고 인간들을 통제하며 공생하도록 제재를 가한다.

법이 충만하게 널려 있는 커다란 숲을 헤치며 나아가는 인간들은 법을 공기처럼 호흡하며 살아가지만 법의 존재를 온전히 인식하지 못하는 사람들이 많다. 법이라는 문제가 항상 앞길을 가로막고 있다는 것을 당연하게 여기거나 무시하려고 한다. 사람들은 법에 대해 법률 공부를 하고 일정한 자격을 얻은 사람들의 전유물처럼 생각하고 법에 해당하는 문제가 없을 때는 나와 무관한 것으로 여기기도 한다.

성경은 인간이 자연 법칙과 인간을 향하신 구원의 법 아래에서 자신들이 만든 온갖 법의 통제를 받으며 희비애락의 문화를 연출하며 하루살이와 같이 살아가는 나그네 같다고 밝히고 있다.

역사의 흔적 속에 온갖 문제를 안고 다가오는 법에 부대끼며 고달프게 살아가는 사람들에게는 법을 상대하며 지혜롭게 극복해나갈 기술이 부족하다. 하나님은 말씀을 통해 우리에게 지혜를 주셨다. 하나님의 뜻에 의한 영의 법과 인간의 자유 의지적 육의 법의 실상을 잘 알면 해결책을 찾을 수 있을 것이다.

> 네 하나님 여호와께서 네게 주시는 각 성에서 네 지파를 따라 재판장들과 지도
> 자들을 둘 것이요 그들은 공의로 백성을 재판할 것이니라 너는 재판을 굽게 하지
> 말며 사람을 외모로 보지 말며 또 뇌물을 받지 말라 뇌물은 지혜자의 눈을 어둡
> 게 하고 의인의 말을 굽게 하느니라(신 16:18~19).

태초에 인간은 법을 모르고 살았다. 자연의 법칙 아래서 법을 만들 필요

를 생각하지 못했다. 오직 생육하고 번성하며 땅을 정복하려는 인간의 본성이 법이었다. 인간의 피에 흐르는 죄의 성질이 본성을 통해 악하게 분출하면서 생육하는 씨 뿌림을 음란의 도구가 되고, 번성하려는 욕망을 탐욕으로 발전하고, 땅을 정복하려는 본능이 야망이 되어 분쟁을 일으키는 지경이 되자 법의 필요와 법적 제도에 의한 징벌의 필요를 생각하게 되었다. 인간은 본능 외에 지정의와 자유의지에서 파생하는 양심을 법적 수단으로 사용했지만 그 한계를 실감하게 되었다. 인간들은 삶을 보장하는 안정과 행복을 위해 행동하면서 양심에서 우러난 욕구를 법제화시켜 규범과 도리를 만들고 법의 형태를 갖추어나갔다.

사람들이 가정을 꾸미고 부족으로 확대되면서, 경험이 많은 가문의 연장자가 지도자로 서고 전통과 풍습에 따른 생존 법칙이 생활화되었다. 인간은 생각과 행동을 규제하기 위해 필요한 불문율의 법과 규칙을 마련하고 그 법을 구전으로 계승하며 지켜나갔다. 무리의 습성으로 가족 집단을 이루고 민족과 국가로 발전하자 법을 만드는 기구와 법을 집행하는 기관과 인간의 행복한 삶을 지원하는 행정 기관을 제도화시키고 공정한 법 집행을 도모하려고 노력했다.

인류 역사를 보면 인간을 위한 법이 지도자의 농간에 의해 피지배자들을 고달프게 하는 일이 잦아졌다. 제왕 제도는 법이 왕의 사유물이 되게 하고 노예를 양산했다. 법적 노예화에서 자유로운 법 아래에서 살기를 바라는 사람들의 욕망이 높아지면서 친근하고 다정한 법으로 평화를 누리려는 욕구가 문명과 사상을 통해 법문화로 나타나기 시작했다.

현대 사회에서의 법

인간의 법적 평등과 이익, 질서, 자유를 염원하는 정치 제도가 민주주의다. 민주주의는 국민이 법적 주권을 가지고 국민의 힘으로 전체의 이익을 대변하는 정치를 말한다. 민주주의는 법치주의를 통해 빛을 발한다. 법치주의는 입법주의의 바탕 위에서 제 구실을 한다. 민주 국가에서는 국민들이 뽑은 대표들이 구성하는 의회에서 법을 만들고 이를 국민이 선출한 대통령과 총리가 관장하는 행정부에서 집행한다. 이들 기관이나 국민이 법을 어기는 일이 발생하면 사법 기관인 경찰, 검찰, 법원이 나서 교통정리를 한다. 그리고 대법원과 헌법재판소가 최종 결정권을 갖는다.

국가의 기관들은 모두 각기 주어진 권한을 갖는데 이를 삼권 분립이라고 말한다. 입법부와 행정부는 선출직이지만 사법부는 자격을 기준으로 하는 임명직이다. 이 세 개의 권력 기관은 서로 견제하도록 법치주의에 따른 제동장치가 만들어져 있다. 하지만 이들 기관이 서로 보다 우월한 자리에 서기 위해 다투는 경우가 많다. 사법 기관이 대통령의 권한을 정지시키기도 하고 대통령이 국회를 해산할 수도 있다. 또 사법부는 의회와 행정부에서 추천하여 임명하기 때문에 사법부가 입법부와 행정부의 눈치를 보지 않을 수 없다.

법치주의처럼 듣기 좋은 말은 없지만 만들어진 법의 성격이나 기능이 강자인 지도자의 편에서 작용하느냐 아니면 국민의 입장에서 제 기능을 발휘하느냐에 따라 민주주의적 판단의 대상이 되기도 한다. 특정 기업이나 이익단체들의 이기주의는 입법의 과정에서 자기들에게 유리한 법을 만들도록 로비를 하고 이를 행정부에서 시행하도록 강요한다. 또 법적 문제가 제기되면 유능한 변호사를 동원해서 사법 기관이 신축성 있는 법의 잣대로 유리한 판결을 내리도록 작용을 하기도 한다. 이 과정에서 각 기관의 부도덕성이나 무사 안일과 법의 맹점을 악용하는 편법과 뇌물 등 부정부패가 공정성을 해치면서 억울한 사람들을 양산하기도 한다.

법 집행 기관의 공정, 청렴, 책임성은 법치의 기본이다. 법을 집행하는 기관들이 정치권이나 재계의 압력을 받거나 눈치를 보고 또 부패하거나 한쪽에 치우치거나 맡은 책임을 소홀히 하면 사람들의 신뢰를 잃어버리게 되고 준법정신은 공허한 울림이 되고 만다. 민주적 경찰 제도를 가진 많은 국가들에서는 법 수행의 일선에 선 경찰이 내부의 부정부패와의 싸움에 시달리며 쇄신 운동을 벌이고 또 시민 감찰 활동이 활발한 실정이다. 많은 경찰관이 바른 법 집행자로서 최선을 다한다고 해도 때론 정치의 시녀가 되기도 하고, 일부에서 발생하는 부정부패와 비리가 전체를 어지럽히기도 한다.

독재 국가에서는 법이 인권을 무시하고 순종을 강요하면서 질서를 파괴하지만 인간의 행복을 추구하는 민주 국가에서는 질서를 법으로 통제하고 강요한다. 법치 국가는 질서 교육을 잘하고 사람들이 잘 따르도록 사회 분위기를 만든다. 지금 이 세상은 우주 질서를 더욱 혼탁하게 하는 인간의 욕망이 고조되고 법 횡포가 늘어나면서 법질서를 바로 잡아야 한다는 한탄의 신음 소리가 높아지고 있다.

02

법이란 무엇인가?

법은 인간의 자유 방종을 억압하고 짜여진 테두리 안에서 획일화하고 통제하려는 목적을 가지고 만들어진다. 법은 집단 문화의 산물이며 생활의 모습을 규정한다.

인류와 함께 발달해온 법은 전통과 관습을 존중하는 예의, 도리, 규칙을 옹호하는 것을 목적으로 하는데 사람이 집단 생활을 할 때 제각각인 주장과 권리를 대변하고 갈등을 해소하며 이해를 조정하고 사회 질서를 유지하기 위해 국가 등 집단에서 법률을 제정한다.

법의 형태를 보면 먼저, 법의 필요성을 공감하는 사람이나 집단이 서로의 합의 아래 정한 기본인 법규인 헌법이 있다. 헌법 아래 대표적인 법으로 민법, 상법, 형법, 민·형사소송법이 있다. 헌법을 포함해서 이를 육법이라고 말한다.

법 제정의 목적은 정의로운 사회와 국가의 질서를 유지시키는 것이다.

법을 어기면 범죄로 규정하고 그 법률에 해당한 처벌을 받게 한다. 징벌에는 징역형, 벌금형, 강제 노역형, 한시적 구류형 등이 있다.

또한 법의 종류를 보면 법률, 법, 규약, 규례, 방법, 법도가 있고 법의 기준이 되는 문화, 전통, 관례, 관습이 있다. 또 자연 법칙에 의한 수학 논리, 어떤 자연 현상의 원리와 원칙 근본이 있다.

인간 역사는 법의 제약 아래서 엮어지면서도 수시로 변화하는 문화의 옷을 만들어 입는 변덕스러운 시공의 흔적이다. 이 현상이 진화하는 것처럼 보이기 때문에 사람들은 종교와 철학을 비롯해 온갖 이론을 만들어 문화의 흔적을 엮으며 인생관과 세계관을 삼고 거기에 자신들의 가치관을 종속시키려 노력하고 있다. 이를 성경은 "인류 역사는 진리의 갓길을 헤매는 탕자와 같다"고 말한다. 그래서 시공간의 법칙에 매여 사는 대부분의 사람들은 이 세상에 태어나고 죽어야 하는 생명의 비밀을 간직한 채 온갖 법의 테두리 안에서 잠시 머물다 가는 나그네와 같은 존재라고 체념하고 있다.

'하나님의 씨 뿌리는 우주 경영 법칙'에 의해 무리의 법칙 아래서 살아가는 인간의 모습들은 법의 철저한 통제 아래 각기 주어진 환경에서 단막극의 인생을 연출하고 있는 것이다. 인간은 숨을 쉬고, 밥을 먹고, 일하며, 가정을 이루고, 사회를 형성하는 모든 삶들이 법의 제약을 받는 것을 당연하게 생각한다.

03
법의 다양한 모습들

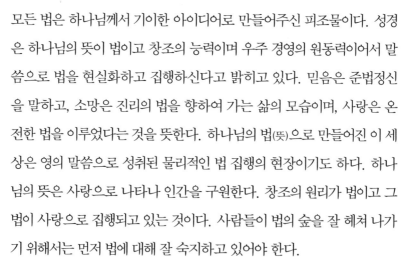

모든 법은 하나님께서 기이한 아이디어로 만들어주신 피조물이다. 성경은 하나님의 뜻이 법이고 창조의 능력이며 우주 경영의 원동력이어서 말씀으로 법을 현실화하고 집행하신다고 밝히고 있다. 믿음은 준법정신을 말하고, 소망은 진리의 법을 향하여 가는 삶의 모습이며, 사랑은 온전한 법을 이루었다는 것을 뜻한다. 하나님의 법(뜻)으로 만들어진 이 세상은 영의 말씀으로 성취된 물리적인 법 집행의 현장이기도 하다. 하나님의 뜻은 사랑으로 나타나 인간을 구원한다. 창조의 원리가 법이고 그 법이 사랑으로 집행되고 있는 것이다. 사람들이 법의 숲을 잘 헤쳐 나가기 위해서는 먼저 법에 대해 잘 숙지하고 있어야 한다.

법의 홍수 속에서 살아가고 있는 인간들의 법을 이해하는 경우는 다음의 세 가지에 속한다.

첫째, 법은 무엇이며 왜 필요할까 생각하는 사람은 지각이 있고 남보다 조금 앞서 살아가는 사람들이다.

둘째, 법을 잘 알고 유익하게 활용하려고 도모하는 약삭빠른 사람이 있다.

셋째, 법을 만들고 법으로 생계를 유지하거나 사람들을 지배하려는 지도자와 법을 초월하려는 영웅과 같은 사람들이 있다.

인간의 법은 다양한 삶의 모습을 나타내는 잣대다. 법은 생활 속에서 실현 가능한 효력을 갖기 때문에 누구나 법을 잘 알아야 자신의 권리와 이익을 보장받을 수 있다. 특히 요즘처럼 정치와 경제의 변동이 심한 시대에는 자신이 어떤 법 안에 살고 있는지, 어떤 권리가 있고 어떻게 행사해야 하는지, 어떤 의무와 책임이 있고 어떤 법의 보호를 받아야 하는지 등을 스스로 자각하지 않으면 주어진 권리를 누리지 못하고 불이익을 당할 수 있다. 법의 울타리 안에서는 삶이 순조롭지만 그 밖으로 밀려나면 죄에 억눌리거나 억울하게 죄를 뒤집어쓰고 대가를 치러야 하는 경우도 있다.

그래서 이 세상에는 사회와 국가가 만들고 지킬 것을 강요하는 법을 마지못해 따르거나 법을 지키려 하면서도 고통스럽게 생각하는 사람들이 더 많기 마련이다. 법을 잘 알지 못해 불이익을 당하고 인생을 포기하는 사람이 있는가 하면 법을 잘 이용하여 출세하는 사람도 많다. 수많은 법률은 그 다양성처럼 많은 문제를 제기하고 파도처럼 엄습해온다. 권리만 주장하고 의무를 저버리고 책임을 피하려 하거나 법질서를 무시하고 막무가내로 힘으로 밀어붙이거나 해결해나가려 하는 사람들 때문에 사회 질서가 어지럽게 흔들리는 일이 많다. 그래서 법을 집행하는 법관이나 검사나 변호사가 되려고 사법시험에 응시하는 사람들이 넘쳐나고 약자를 위한다는 명분을 내세우면서도 돈과 권력이 많은 사람에게 고용되어 그 편을 들어 충성하는 변호사가 생긴다.

법은 문화의 뿌리다

법은 인간을 통제하는 규범이다. 법은 '물은 위에서 아래로 흐른다'거나 '사람은 살다가 반드시 죽는다'는 것과 같이 원인이 있으면 반드시 결과가 있다는 존재와 필연의 인과 법칙을 기초로 하고 있다. 그렇기 때문에 법은 자유를 선망하는 인간 사회를 지배하는 규범이 되어 이성을 가진 인간의 자유의지에 큰 영향을 받고 있다.

인간이 사는 곳에 법이 있다. 이는 사람이 모여 사는 곳에는 법이 마련되어 있어야 한다는 것이다. 법은 사회를 바르게 이끌어가는 힘이면서도 행위로 실천해야 하는 규범이기도 하다. 법은 만들수록 또 다른 법의 필요를 유발하고 양산해가는 습성이 있다. 법의 확장은 문화의 다양성과 확산을 초래하고 문화 속에 법이 정착하게 만든다. 법은 인간을 속박하고 문화는 인간을 그 안에 녹여 동질화하려 든다.

법이 실천법으로 존재하게 된 후 인간 역사의 진전을 주도하고 사회의 다양한 발전과 문화생활의 향상을 이루면서 여러 가지 형식의 전통과 삶의 질을 평가를 하는 기준이 되었다. 민족과 국가 형성의 기틀이 되고 사상과 삶의 모양을 이끄는 힘이 되었다.

법의 이념은 법 개념의 출발점이며 법질서를 위한 목표다. 모든 법은 개별적인 목적을 가지고 만들어지지만 법이념은 개별적인 법의 목적을 추상적으로 통일시키고 체계화한다. 따라서 정의, 공공의 복지, 행복,

사랑, 안녕의 가치를 강조한다.

법의 효력은 법이 그 규정대로 구속력을 가지고 실현될 수 있는 상태를 말한다. 법이 국민의 생활 속에서 실현되지 못한다면 그 법은 존재 가치를 잃게 될 것이다. 즉, 해야 한다, 해서는 안 된다 등의 규범의 타당성과 실질적 효력이 합치될 때 효력을 발휘할 수 있기 때문이다. 법률 관계는 권리와 의무를 거느리고 그 균형을 맞추어간다.

인간의 사회생활은 정치, 경제, 사회, 윤리, 도덕 등 여러 가지 법적 관계의 복합체다. 이를 권리와 의무의 관계로 분류한다.

1) 법의 지배를 직접 받는 부분은 입법·사법·행정과 혼인, 재물의 매매, 저당, 상속 등의 권리 관계가 있다.

2) 법의 지배를 직접 받지 않는 생활 관계는 도덕, 종교, 풍습 등 사실 관계가 있다.

법적 권리는 법에 의해 주어지고 보호받고 인정되는 힘이다. 그러므로 법이 없는 곳에서는 권력이 존재할 수 없다. 법적 힘은 사실상의 실력과는 구별되고 이익을 목적으로 한다. 권력은 현실적 행사를 해야 향유할 수 있다. 하지만 권리 행위를 하지 않는다고 권리가 박탈되는 것은 아니다.

성문법과 불문법

인간들은 사회생활을 위해 필요한 법을 만들고 법의 질서를 지키게 하려고 법을 성문법과 불문법으로 구분해 사용하고 있다. 성문법은 책으로 제도를 규정하고 불문법은 관습에서 발생한다. 이 두 법은 유용성과 공평성을 기본으로 하여 만들어진다.

성문법은 권력자의 의사가 문장의 형식을 갖춘 법률이다. 헌법, 법률, 명령, 규칙, 조약으로 분리되고 있다. 헌법은 국가 조직과 통치에 관한 근본법으로서 국민의 지위와 기본권 의무를 정한 법이다. 법률은 실질적 법으로서 국회의 의결을 거쳐 대통령이 서명하고 공포하여 성립되는 법으로서 헌법 다음의 효력을 갖고 있다. 명령은 국회의 의결을 거치지 않고 행정기관에서 제정하는 성문법이다. 규칙은 공법상의 행정 행위 및 재판 판결에 대한 추상적 법 규범과 성문의 법령과 국민 일반의 권리 의무와 관계 있는 법을 말한다. 조약은 국제법상 완전한 자격이 있는 국가나 국제기구 사이의 문서에 의한 명시적 합의의 법률 행위를 말한다.

불문법은 공법이나 규범 이외에 사회생활 속에서 자연 발생적으로 존재하는 관행을 국가의 질서 유지 차원에서 인정하고 법의 존재 형식으로 보장하는 법을 말한다. 불문법에는 관습법, 판례법, 조리가 있다.

관습법(慣習法)은 입법 기관에 의해 성문화되지 않지만 국가에 의해 법을 승인받고 강제 규범이 되어 국가 법체계에 참예하는 법을 말한다.

판례법(判例法)은 관습법의 특수한 형태로서 법원이 특정한 소송 사건에 대해 해석하고 적용한 판단을 법의 근원으로 인정한 것을 말한다. 상급 법원의 판례는 법규성이 있고 하급 법원은 선례적 구속의 원칙으로 삼는다.

조리(條理)는 사물의 본성이란 사람의 건전한 이성이나 상식으로 판단할 수 있는 자연의 이치와 본질적 법칙을 국가가 규범의식으로 승인한 사회생활의 원리를 말한다.

사회생활의 현실은 복잡 다양하고 항상 변화하는 것이기 때문에 아무리 상세하게 법을 제정하고 관습법을 받아들여도 모든 법률 관계를 원만하게 처리할 수는 없다. 법의 결함을 보충하고 실정법 존립의 근거에 의지하게 하고 인정하는 조치가 필요하다.

04

법관들의 직무 능력의 한계

저울의 추와 같이 옥석을 가리고 공정해야 하는 판검사들의 법 집행이
유·무죄의 오판 소동으로 논란거리가 되는 일이 비일비재하다. 역사 이
래 진실은 오직 하나뿐인데 오판 시비가 꼬리 물고 발생하고, 억울하다
고 외치는 하소연이 끊이지 않는 원인은 무엇일까?

엿장수처럼 들쑥날쑥한 법 집행

검사와 판사들이 마치 엿장수처럼 기분 내키는 대로 형량을 늘였다 줄
였다 하는 경우가 적지 않다. 검사가 유죄라고 기소한 사건을 판사는
재판을 통해 무죄라고 판결하기도 하고, 1심에서 유죄라고 판결난 사
건이 2심에서 무죄로 뒤집혔다가 3심에서 다시 유죄로 판결되기도 한다.
어떤 사람은 유능한 판검사들이 과실로 오판을 하는 것이 아니라 피치

못할 사법 외적 사정에 의해 고의로 변하는 경우가 많다고 주장한다.

재판 중에 피고인을 법정 구속하는 사건이 있다. 판사가 정의의 사도인 양 죄를 지은 피고인을 법정에서 구속해 감옥에 보내는 일이다. 형량이나 죄질에 의한 법적 판단 기준이 들쑥날쑥하다는 비난을 면치 못하고 있다. 어떤 재산가에게 3년 징역형을 선고하고 집행 유예로 구속하지 않는가 하면 6개월 선고를 받은 사람을 법정 구속하기도 한다.

1심 재판부에서 법정 구속을 하면 2심 재판부는 할 일이 없는 헐렁 바지가 되고 만다. 법정 구속을 하는 판사는 잔인한 사형 집행인과 같은 망나니의 쾌감을 만끽하는 등 법에 맹점이 있다고 우려한다. 수사 기관의 권력 남용과 검사의 편파적 수사와 판사의 오판이 적지 않은 피해자를 만들고 있다는 것이다.

관상쟁이 판검사들

대법원은 인권 신장을 위해 불구속을 원칙으로 하면서 구속 영장 실질 심사 제도를 마련했다. 종전에는 범죄 피의자에 대한 구속 영장 신청을 하면 판사들은 서류만 보고 발부 여부를 결정했다. 이 제도를 개선해서 판사가 피의자를 직접 만나 면담을 하고 구속 여부를 결정하자 언론 기관들은 수사 기관의 권한 남용이 줄어든다고 환영했다. 하지만 구속 영장을 심리하는 판사가 면담만으로 피의자의 얼굴을 보고 짧은 진술을 듣고 진실과 거짓을 곧 바로 알 수 있을까? 수사 기관이 수개월에 걸쳐 조사한 피의 사실을 판사들이 관상쟁이가 되어 죄의 경중을 가릴 수 있을까 의문이다. 또한 검사들은 피의자의 인상이나 주변 상황을 참작하고 또 증거가 불충분한데도 피의자의 진술 태도를 보고 유죄로 단정하고 기소하는 일도 잦다.

범죄의 고의성과 부득이한 과실은 엄격하게 구분되어야 한다. 형사 재판에서 고의와 과실의 옥석을 가리는 일은 어려운 일이다. 어떤 사람이 어떤 목적을 위해 고의적으로 행동하는 경우는 고의적인 범죄가 되고 어떤 사람이 조심스럽게 행동을 하다가 피할 수 없는 상황에서 생긴 나쁜 결과는 과실로 판단해야 한다. 고의나 과실 여부의 판단이 애매할 수 있다. 그러나 고의와 과실 여부가 분명하지 않을 때는 과실로 인정해야 하지만 판사들은 미필적 고의를 내세워 유죄 판결을 하는 경우가 많다.

정당방위가 외면당하는 경우도 있다. 강간을 당하던 여인이 자신을 방어하려고 강간하려는 남자를 본능적으로 밀어붙이다가 큰 상처를 입혔는데 판사가 강간을 당한다고 상해를 입히는 것은 잘못이라고 지적하고 강간을 당한 여인에게도 폭행죄를 선고했다.

그래서 재판장 앞에 선 죄인은 가능한 한 재판장의 동정을 사는 진술을 해야 한다. 태도는 비굴할 정도로 낮추고 비위를 거스르는 말을 삼가야 한다. 재판장이 안하무인적 험한 말을 해도 반박하지 말아야 유리한 판결을 이끌어낸다는 말도 있다.

벌금형과 고액일당 노역(無錢有勞)

죄를 징계하여 벌로 돈을 받는 벌금형은 납입할 능력이 부족할 때 교도소에 유치하여 노동을 통해 대신하기도 한다. 형의 확정일로부터 30일 내에 집행하며 선고된 일당으로 대신 납부하게 한다.

최근 판검사가 재량권을 남용해 황당한 벌금형을 내리는 사건이 세간의 주목을 받고 있다.

최근 어떤 재벌급 회장의 벌금형을 일당 5억 원의 교도소 노역으로 대신하는 판결한 사건이 구설수에 올랐는데 특정 판·검사가 합작해 봐주기 판결을 했다는 것이다. 횡령과 조세 포탈 혐의로 재판을 받은 모 기업의 총수 H 씨는 1심에서 징역 5년과 벌금 1,016억 원을 구형받았지만 검사는 기업의 경영이 좌초될 우려가 높고 협력 업체의 연쇄 부도로 지역 경제에 타격이 크다는 이유로 선고 유예를 요청했다. 2심 항고심 재판부는 징역 2년에 집행 유예 4년을 선고하고 벌금은 254억 원으로 낮추고 교도소 노역을 일당 5억 원으로 판결했다. H 회장은 재판 도중에 뉴질랜드로 출국하고 그곳에서 영주권을 받았다. 문제는 사소한 범죄로 벌금 250만 원을 선고 받은 일반 사범들의 경우 하루 일당 5만 원으로 50일 간의 노역을 치러야 하는 데 비해 1만 배가 넘는 노역 일당을 선고 받는 부자의 특혜에 있다. 유전무죄(有錢無罪) 무전유죄(無錢有罪)가 유전무노(有錢無勞) 무전유노(無錢有勞)로 탈바꿈한 것이다. 사법부는 뒤늦게 감춰진 재산을 찾아내 벌금을 징수하겠다고 소동을 벌이기도 했다.

이런 황제 노역 사건의 이면에는 다양한 법조계와의 인맥과 로비 활동이 있었을 것이라는 추측이 나돌고 있다. 많은 법조인들은 판검사의 합작품으로 발생하는 비리와 횡포를 막으려면 또 다른 법률을 만들어 예방할 수밖에 없다고 말한다. 하지만 물의를 일으킨 사법부에 대한 응징에 대해서는 함구할 따름이다.

법의 불구속 원칙

법은 불구속의 원칙을 내세우며, 죄가 없는 사람이 억울하게 처벌받는 것을 방지한다. 사람이 법을 위반하고 범죄 혐의자가 되면 경찰에 체포되고 검사에게 구형을 받으며, 판사에게 판결을 받게 된다.

경찰이 범죄 피의자를 체포하는 방법은 통상 체포, 긴급 체포, 현행범 체포, 구속영장에 의한 체포가 있다. 경찰은 범죄 용의자를 잡으면 48시간 동안 구속해서 조사할 수 있고 구속 영장을 발부받으면 1주일간 구속 수사를 할 수 있다. 과거에는 구속 기간 중에 범죄 혐의를 입증하기 위해 무리한 수사 방법이 동원되어 물의를 빚기도 했다. 자백을 강요하며 잠을 재우지 않거나 고통스러운 가혹 행위나 잔인한 고문을 가하기도 했다.

경찰은 범죄 용의자를 체포하면 우선 사건 기록부에 등재하고 사진을 찍고 지문을 채취해 전과 유무를 확인한다. 그다음 범죄 혐의에 대한 증거를 제시하고 진술 조사와 현장 검증을 한다. 모든 조사가 끝나고 증거가 부족하거나 범죄 사실이 경미하다고 판단이 되면 석방을 한다. 무죄의 비율은 15퍼센트 가량이라고 한다. 상당한 범죄 혐의가 있는 사람은 검사의 지휘를 받아 판사로부터 구속 영장을 발부받는다.

검사는 경찰로부터 범죄 사건을 송치받으면 재심문을 통해 범죄 사실을 확인하고 법 적용 문제를 결정하고 판사에게 보낸다. 판사는 구속 영장 청구의 타당성을 판단하고 구속 영장을 발부한다. 판사에 따라 구속영장 기각률은 들쑥날쑥하며, 이 과정에서 판사들의 권한은 막중하다. 경찰과 검사는 판사의 판단과 허락에 의지할 수밖에 없다. 판사가 재판만 하는 것이 아니라 경찰과 검사의 수사를 지휘하고 감독하는 경우가 많아진다. 어쩌면 법 집행은 판사들의 원맨쇼에 맡겨져 있는 것처럼 보이기도 한다.

막강한 수사권과 판결권을 가진 법관들

수사관들은 피의자를 처음부터 범죄자로 단정하고 조사하기가 쉽다. 검사는 범죄자의 죄를 더 많이 밝혀내려고 노력한다. 판사는 모든 재판에서 어느 쪽을 언제, 얼마만큼 이기게 해줄 것인가 결정하는 권력으로 고민한다. 구속할 것인가 불구속할 것인가, 적부심에서 보석할 것인가, 유죄냐 무죄냐를 결정하는 권력도 가졌다. 인권과 관계된 법 집행의 일선에서 많은 선택의 갈림길 앞에서 걱정하는 직업인이다.

　법관은 죄의 형량을 법전에 근거하여 늘린다거나 줄이는 등 재량권을 갖고 법 집행을 한다. 계속되는 오판 시비에 "인간이기 때문에 어쩔 수 없다"고 변명을 해도 법관들의 잘못은 양심 이전에 억울함을 당하는 인권 문제이기 때문에 결코 무시할 수 없는 인류의 숙제다.

인권 보호 장치, 미란다 원칙

미란다 원칙이라는 법적 장치가 있다. 이는 피의자를 보호하기 위해 필요한 사법 조치다. 경찰이 범인으로 지목된 사람을 체포할 때, 피의자에게 고지해야 하는 사항이다. 그 내용은 묵비권에 대한 것이며, 변호사를 선임해 자신을 변론할 수 있다는 사실이다. 이 원칙을 지키지 아니하고 사람을 체포하면 자백이 아무리 그럴듯해도 무효라는 것이다.

경찰 등 수사 기관은 범인의 인격을 위하는 척해도 목적은 범죄를 입증하고 재판장에 세우는 데 있다. 그래서 감언이설로 범죄를 자백하게 하고 시인하게 하거나 감형, 석방을 미끼로 유혹하기도 하고 중형을 내세워 겁을 주기도 한다. 법 지식이나 상식이 부족하고 심리적으로 위축되어 있는 범인의 약점을 악용하고 교묘한 논리로 죄를 만들어내기도 한다. 수사 기관이 의도하는 대로 내버려두면 자기네 입맛대로 없는 죄에 대한 누명을 쓰고 중벌을 받기 쉽다. 일단 범죄 사실을 자백하고 나면 나중에 허위자백이라고 주장해도 뒤집기는 힘들다. 미란다 원칙은 이런 억울함을 예방하는 효과가 있는 것이다.

돈으로 사는 변호사들의 세계, 전관예우의 병폐

범죄 혐의자들에게 변명의 기회를 주고 법의 유리한 적용을 받게 하기 위해 변호사 제도가 마련되어 있다. 국가에서 치르는 고등고시에 합격을 한 사람들은 판검사뿐 아니라 변호사도 될 수 있다.

범죄 혐의자는 변호사를 통해 체포 구속적부심을 신청할 수 있고 경찰과 검찰의 심문 과정에서 보호받고 재판에서 유리한 변론을 받을 수 있다. 또 보석 신청을 청구하기도 한다. 무리의 법칙과 경제 논리가 잘 통하는 곳이 변호사의 세계라고 말한다.

경력이 좋은 변호사를 사면 승소 확률이 높아진다는 말이 있다. 판검사를 하다가 갓 개업한 변호사가 맡은 사건은 담당 판검사와의 친분에 의해 좋은 성과를 얻을 수 있다는 것이다.

그래서 사람들은 변호사를 선임했다고 말하지 않고 변호사를 물건처럼 샀다고 말한다. 범죄 혐의자나 민사 사건에 휘말린 사람들에게 "아직도 유능한 변호사를 사지 않았소" 라고 충고한다. 법을 잘 주무르는 유능한 변호사는 판검사를 한통속으로 만들어 손아귀에서 갖고 논다.

변호사의 매매 대금은 착수금과 성공 보수로 구분된다. 착수금은 사건이 잘 풀려 성공하든, 결과가 잘못되든 돌려받지 못한다. 이에 비해서 성공 보수는 사건이 원하는 대로 잘 되면 주는 사후 대가성의 사례비다. 변호사들은 착수금을 받고 일하고 성공하면 착수금보다 월등히 많은 성공 보수를 받는다. 사건의 승률이 애매할 때 성공 보수를 높여 계약을 하게 된다. 주로 경제와 얽힌 거액의 민사소송에서는 그 성공 보수의 단위가 높아서 수억에서 수십억 원에 이르는 경우가 많다.

변호사들의 수입은 객관적으로 보기에 해결이 쉬운 사건은 착수금과 성공 보수가 별 차이가 없다고 한다. 하지만 이길 확률이 적은 사건은 성공 보수를 많이 받으려고 한다. 그래서 변호사 고용 비용이 높아진다고 말한다. 변호사를 사는 비용이 위임 사건의 성공 여부에 따라 증감이 되는 현상은 법의 공정성과 정의의 실현을 해치는 부도덕한 악습이라는 비난을 면치 못하고 있다.

법 앞에 서야 할 사람들은 좋은 변호사를 선임해 온전히 죗값을 치르지 않는 경우도 많다. 발등에 떨어진 급한 불을 꺼야 하는 의뢰인의 약점은 변호사 보수에 그대로 반영된다. 하지만 보수에 눈독을 들이는 변호사들은 어려운 이해관계가 얽힌 민형사 문제를 다루면서 거액의 보수를 받는 것을 부도덕한 것처럼 매도하는 여론에 대해 불평한다. 변호사 비용보다 사건이나 재판에서 이겨야만 할 의뢰인의 절박한 사정은 비용

감당 능력을 초월한다.

법을 초월하려는 조직의 횡포

인간의 법은 권력을 잡은 실력자의 시녀가 되어 피지배자를 압박하는 도구로 쓰일 때가 많다. "로마 황제의 말은 곧 법이다"라는 말이 있다. 독재자들의 말이 법이 되고 독재자들 밑에 있는 법관들의 결정과 판결은 죄목이 되어 사람들을 괴롭힌다. 정치권력과 재벌의 황금이 수사 기관과 법관을 시녀로 삼기도 한다. 가끔 법이 강자를 제압하고 약자의 편을 드는 경우도 있지만 말 그대로 드물다.

인간의 조직 생활을 위한 법은 조직의 힘으로 움직인다. 법은 조직에 소수의 힘으로 다수를 지배하는 원동력을 제공한다. 잘 짜인 조직은 법 위에 군림하고 그 지배력이 조직을 장악하고 움직이게 만든다. 작은 무리의 법을 집행하는 사람들이 조직적 폭력자가 되어 다수 위에 독재자로 군림하게 된다. 법을 수호하는 국가 권력 기관인 공공 기관 중 법을 운영하는 법원과 검찰청 경찰관서는 조직적 힘으로 법을 초월해 다수에게 특정 목표나 목적에 굴복하도록 횡포를 부릴 수 있다. 또한 사회 기업들도 조직의 힘으로 조직원들에게 초법적 충성을 강요하는 경우가 많다.

역사가 흘러 독재자들이 단죄되어도 독재자의 의지대로 법을 집행하고 사람들을 가두고 처벌을 한 법관들은 아무런 징계를 받지 않고 있다. 법을 악용한 독재자에게만 잘못이 있는가? 잘못된 법이라는 것을 알면서도 법 집행을 예방하거나 방지하지 아니한, 잘못된 법을 강제로 집행한 법관들이 무사 안일하게 출세 가도를 달리고 있는 현실을 개탄하는 소리도 들린다. 또 법의 횡포로 인해 피해를 본 사람들을 뒤늦게 구제하는 법의 판결이 증가하고 있는데도 불법적 법 집행을 한 사람들에 대한 책임 추궁과 처벌을 강화하여 예방할 수는 없을까?

법 집행부의 불법으로 인해 피해를 보는 피해자가 보상을 제대로 받을 길은 없는지, 법에 무식한 사람들은 공정한 법을 고대하고 있다.

조직적 초법의 횡포를 방지하는 사회적 기능에는 억눌린 다수의 편이 되어 지원하는 언론 기관이 있다. 하지만 약자를 위한 정의의 나팔을 높게 울려야 할 언론은 법을 내세운 거대한 조직의 하수인 노릇을 하는 경우가 많아 제구실을 못하고 있는 실정이다.

돈 앞에 무력해지는 법

먹고살기 위해 사는 인간들은 돈과 권력을 좋아한다. 특히 자본주의가 발달한 국가에서는 돈만 있으면 권력을 살 수 있고 그 권력으로 법을 지배할 수 있다고 생각한다. 돈과 권력은 지위, 학력, 생활환경에 상관없이 대부분의 사람들이 갖고 싶어 하며 그것을 얻기 위해 노력을 한다. 높고 낮은 공무원, 정치인, 일반 직장인 들이 자주 뇌물을 받고 공금을 횡령하고 사기 치고 탈세하고 배임하는 등 돈과 권력을 얻기 위한 불법적 행위들이 난무한다.

인간의 정의를 지키고 사회 질서를 파괴하는 돈과 권력의 탐욕을 예방해야 할 법의 수호자들조차 세속의 욕망에서 자유롭지 못한 실정이다. 법관인 판검사와 헌법 기관에서 근무하는 사람들의 태반이 돈과 권력을 얻기 위해 탈법 행위에 눈독을 들이고 그 탈법에 참여하고픈 마음을 감추지 못하고 있다. 올바르다고 칭송을 듣던 법조인이 정치판에 뛰어들면 정치 자금법이나 부정 선거에 곧장 휘말리는가 하면 퇴임 후 사업체에 임원으로 들어가 거액의 연봉을 받으며 탈법적 조언을 하기도 하고, 돈맛에 미친 변호사가 되는 경우도 많다고 한다.

돈의 위력이 커지면 권력이 커지기 마련이다. 사람을 부리고 조직을 원활하게 움직이는 힘도 커지기 때문이다. 하지만 돈의 위력에 놀아나면 수명이 짧아지는 것이 현실이다.

법은 권력을 수반한다

본래 대통령이나 재벌 총수를 비롯해 모든 조직의 책임자에게는 직무 수행을 돕는 권력이 주어진다. 하지만 이들은 법을 새로 만들면서까지 그 권력의 범위를 넘어선 영역으로 확장해 활용하려고 한다. 또 애매한 권력 구조를 악용하여 권력을 확대시켜 행사하는 것이 불법인 줄 알면서도 그 권력을 자기 것으로 만들려고 노력한다.

권력 아래 직무에 따르는 의무와 권한이 있다. 각종 인허가와 법을 집행하는 능력이다. 이 권한이 가끔 서민들에게 권력화하여 횡포를 부리는 경우가 많다. 교통 순경은 위반자에게 떼어줄 경고 벌칙 통고서를 권력으로 행사하고 민원부서의 공무원은 제출 서류 심사 권한을 권력화하고 사업자들은 갑을의 계약 관계를 권력으로 행사하려 한다.

정의의 사도여야 할 법관들이 권력에 눈독을 들이면 돈의 맛에 빠져 즐기려고 하고 거짓말을 밥 먹듯 하게 된다. 국민의 인권을 보호한다는 말로 법을 집행하는 법관들은 법을 앞세워 인권을 유린하는 경우가 많다. 어떤 경우에는 인권에 아무런 관심이 없는 것처럼 보일 때도 있다. 경로 정신이나 예법, 전통, 연령에 관계없이 막말을 하고 인격을 모욕하는 말을 내뱉고 있다. 또 증거가 없어도 있다고 말하고 증거가 있어도 없다고 권력을 남용하며 판결한다는 말도 들린다.

머리 좋고 법의 권력을 쥔 법관들의 비행은 잘 드러나지 않는다.

하지만 많은 사람들은 법관들이 양심적이고 정의로운 사람이라고 생각을 한다. 항간에서는 독립권을 강하게 주장하는 사법 기관의 횡포에 하급 수사 기관조차 어찌할 수 없는 절대 권력에 의한 조직적 횡포를 우려하기도 한다.

05

세상 법이 가진 한계성

법을 아는 것이 생존의 힘이다

법은 관습과 사회 통념으로 만들어진 질서다. 법은 이성과 경험에 의해
발전한다. 그러므로 법은 저울과 같이 공정하게 운영되어야 한다. 법은
국가의 완전한 이성과 정의로서 국가를 경영하는 원칙이다. 하지만 법은
인류의 폭군이 되어 종종 이치에 어긋나는 일을 강요하기도 한다. 법학은
바닥을 알 수 없는 깊은 연못과 같고 요술처럼 변덕을 부리는 학문이다.

　법은 사회를 돌보는 자에 의해 만들어진 공동의 이익을 위한 이성의
명령이다. 이성은 법의 생명이며 법은 이성의 완성이다. 그렇기 때문에 법
은 인간을 지배하고 이성은 법을 지배한다. 법은 가정과 같이 서로 기대
면서 관습에 복종한다. 법을 어기는 것이 죄가 되므로 법률이 많아지면
범법자도 늘어난다.

모든 권력자들은 법의 울타리를 치고 자신을 보호한다. 한 예로 타인을 비방하면 명예훼손죄와 모욕죄로 처벌을 받도록 하고 있다. 공연히 사람을 모욕하면 1년 이하의 징역이나 200만 원 이하의 벌금형을 받고 명예훼손을 하면 2년 이하의 징역이나 500만 원 이하의 벌금을 내야 한다. 모욕죄는 다른 사람에 대해 구체적인 사실을 거론하지 않고 그 사람의 사회적 평가를 저하시킬 만한 추상적 판단이나 경멸적인 감정을 표현하거나 다른 사람을 개·돼지와 같은 동물에 비유해 말하거나 기회주의자, 배신자, 거짓말쟁이, 불쌍한 사람이라고 말해도 모욕죄가 된다.

진실을 거론하거나 허위 사실을 유포하면 명예훼손죄에 걸릴 수 있다. 어떤 사람의 사회적 가치나 평가를 저하하거나 침해할 가능성이 있는 구체적 사실을 말하면 명예훼손죄가 된다. 제비 다리를 부러뜨린 놀부 이야기나 춘향이가 수청을 거절했다고 칼을 씌우고 옥에 가둔 변학도의 행위를 확인하지 않고 유포하며 사회적 평가를 저하시키면 명예훼손이 된다. 다만 허위 사실을 퍼뜨리면 죄가 좀 더 무거울 뿐이다. 다른 사람에 대해 좋지 아니한 이야기를 하고 나서 진실만 말했다고 죄를 모면할 수 있을까? 공익을 위해 말을 했어도 처벌을 받는 경우도 있다. 구체적인 사실을 거론해도 그 말 안에 자신의 양심적이며 사적인 견해가 개입해 있으면 죄가 된다.

명예훼손죄와 모욕죄는 정치판의 단골 메뉴가 되고 있다. 권력자들의 자기 방어 수단이 되어 언론을 시끄럽게 하고 권력자들의 눈치를 보는 법관들의 수고를 가중시키고 있다.

권력은 제도적으로 견제하고 비판과 감시를 하지 않으면 부패하고 타락한다. 야욕에 의한 절대 권력은 절대 부패한다. 정치인들의 권력뿐만 아니라 이 세상의 모든 권력은 강할수록 부패하는 정도가 심해진다. 특히 절대 권력을 추종하는 수사 기관과 판검사와 언론 기관 및 부자들의 권력은 더욱 국민들을 힘들게 한다. 헌법에 나와 있는 권력 분립의 원칙이 무너지면 법이 권력자들의 추악한 독점물이 되고 만다. 반면 권력의 불화는 권력 다툼의 암투로 발전하고 급기야 권력의 칼을 휘둘러 서로 죽이는 도구로 사용된다.

그런데도 법관이나 정치인에 대한 권력의 남용이나 횡포에 대해 어떤 견제 장치도 발동하지 못하고 있다. "이것이 법이고 정의다"라고 내세우면 법의 권위가 인정되어왔다.

지금 세상은 법 없이 살고 황금을 돌 같이 여기고 권력을 초개같이 생각하는 사람을 성인군자라고 높이 받드는 지경에 놓여 있다. 법의 가장 앞줄에 서서 일하는 판검사와 수사 기관원들이 과연 법 앞에서 결백한지 자신에게 질문을 던져본 용기 있는 사람이 있을까? 진리의 말씀과 성령의 법, 그리고 양심으로 판단해보아야 할 문제일 뿐이다.

법률은 독재자나 제왕이 좋아하는 대로 따라간다. 법을 완전하게 만들 수는 없다. 하지만 불완전한 법을 가진 나라는 불완전한 도덕을 갖게 될 것이다.

'최대 다수의 최대 행복' 이 도덕과 입법의 기초다. 하지만 모두가 다 좋아하는 적당한 법은 없다. 국민의 안전과 행복이 최고의 법률이다. 법률은 강자가 만사를 임의로 처리하지 못하도록 제정되었고 강자보다 약자를 보호하기 위한 것이다. 가장 엄격한 법은 가끔 불의의 편에 설 때가 있다. 오늘의 법이 내일은 아무것도 아닐 수 있다. 법은 위반하기 위해 만들어졌다고 말하기도 한다.

법에 대해 무지하다고 해서 죄를 용서받을 수는 없다. 모든 사람이 법을 알고 있기 때문이 아니라 그 변명을 다 수용하고 논박하는 방법을 말해줄 수 없기 때문이다. 착하고 순수하며 잘못을 저지르지 않는 사람에게는 법이 필요 없다고 말한다. 반면에 아무리 엄한 법률일지라도 게으른 사람을 부지런하게, 낭비하는 사람을 절약하게, 술 취한 사람을 깨어나게 할 수는 없다.

법률은 인간을 지배하는 주인이 아니라 인간의 필요에 의해 만든 하인이다. 하지만 사람은 법에 복종하는 것 이외에 법으로 할 수 있는 것이 아무것도 없다. 법률에 복종하는 사람은 법률을 지배할 수 있다. 하지만 법이 많아질수록 정의는 적어진다. 좋은 법률은 더 좋은 사람을 만들도록 인도하지만 나쁜 법률은 사람들을 더 나쁜 길로 인도한다. 법이 너무 유순하면 좀처럼 준수되지 않고 너무 가혹하면 집행하기 어렵다.

법률은 거미줄과 같다. 나약한 파리는 잘 걸려도 돈과 권력이 있는 사람들은 법망을 갈기갈기 찢고 지나간다. 국가와 사회가 부패하고 타락할수록 법률은 늘어만 간다. 법으로 천하를 호령하는 폭군의 얼굴은 처음에는 온화해 보이지만 법이 끝나는 곳에서는 험악한 폭정이 시작된다.

세상 법은 강자의 편을 든다

법은 관습과 사회 통념의 결정이며 질서로서 공동 사회를 위하는 사람들에 의해 만들어진다. 법은 이성에 의해 발전하고 더욱 발전한 경험을 향해 계속 응용되는 경험이다. 법률은 정직할 것을 명령하며 그와 반대

되는 것을 금지하는 자연 법칙에서 끌어낸 원칙으로서 좋은 법은 좋은 질서를 만든다. 그것을 대담하게 주장하고 그럴듯하게 하려고 한다. 그래서 법은 죄를 키우기도 하고 그 죄를 벌하기도 하고 사소한 법이 오히려 큰 죄를 낳기도 한다. 법은 대중의 이익을 위해 인류의 경험 위에서 행동하는 지혜의 최종 결과이기도 하다. 법은 건물처럼 서로 기대며 서로 보완하거나 변화해나가려 한다. 하지만 법은 만사의 왕이며 모든 것을 지배하려는 습성을 지니고 있다.

인간의 이성은 법을 지배하려고 하지만 법은 오히려 인간을 지배한다. 법은 관습에 복종하는 듯 보이지만 관습 위에 군림하려고 하며, 명예가 금지하는 것을 허용하려고 한다. 또한 힘이 있는 사람으로부터 약자를 보호하기 위한 장치가 되어 권력자의 횡포를 방지하려고 하지만 권력이 좋아하는 대로 움직일 때가 많다.

오늘의 지엄한 법이 훗날엔 불법이 될 수 있다. 어떤 이들은 "법은 위반하기 위해 만들어진 권력자의 함정"이라고 말한다. 법은 코에 걸면 코걸이요 귀에 걸면 귀걸이가 된다. 즉, 해석 여하에 따라 같은 상황이 다르게 적용될 수 있기 때문이다.

법이 있다는 것은 법관이 있다는 말이다. 법관은 언제나 사실을 발견해내는 사람이다. 죄를 나무라고 죄인을 미워하지 않아야 한다. 편리한 것보다 옳은 것을 택해야 한다. 헌법은 1등 시민, 2등 시민을 구별하지 않지만 때때로 빈자와 부자를 차별하며 인류의 폭군이 되어 이치에 어긋난 일을 강요하기도 한다.

나쁜 사람이 없으면 훌륭한 변호사도 없다. "의사는 묵은 포도주처럼 나이 먹은 사람이 좋고 변호사는 갓 구어 낸 빵처럼 젊고 새로 시작한 사람이 좋다"는 말이 있다.

법은 가장 안전한 갑옷과 같다. 하지만 이를 활용하기에 따라 희비를 생산한다. 이성은 법의 생명이며 완성이다. 공동 사회를 돌보는 지도자에 의하여 만들어진 공동의 이익을 위한 이성의 명령이다.

법은 악한 사람을 단죄할 수는 있지만 교정시킬 수는 없다. 온갖 법은 여러 모양으로 사람들을 고통스럽게 만들고 있다. 법이 인간의 행과 불행을 지배하려고 할 때가 많다. 사람들은 법의 간섭을 받지 않는 것을 자유롭다고 생각한다. 좋은 법과 동행하려면 나쁜 법을 멀리하고 의로운 발로 차버려야 한다. 여론을 무시하는 법은 설 자리를 잃게 되고 법이 유순하면 잘 지켜지지 않고 너무 가혹하면 사람들이 도망치려 한다.

법을 주무르는 절대 권력자의 얼굴에는 처음에는 미소가 있다 해도 그 속에는 법 위에 서기를 바라는 야심이 꿈틀거린다. 그리고 법이 끝나는 곳에서 독재가 시작된다. 사람들이 바라는 지도자는 대중의 동의에 의한 조직적 여론의 지지를 받는 법에 의한 통치다. 질서는 법의 친구로서 모든 인간이 바라는 삶의 기초다. 법과 질서와 정의는 하나지만 지도자들이 이들을 갈라놓고 경쟁하게 만들고 있다.

창조주 하나님의 뜻이 법의 근원이다. 하나님의 창조 섭리의 뜻이 자연 법칙으로 나타나고 인간의 자기 보존의 욕구가 법으로 재정비되어 인간을 지배하는 것이다. 이 세상의 최선의 법은 선을 초월하는 사랑 안에서 사는 것이다. 인간은 법 앞에서 어떻게 선과 악을 선택할 것인가 고민하며 사는 나약한 존재다.

법에 앞서는 재물의 소욕

육신을 입고 있는 인간은 물질에 대한 소욕이 강하다. 이 욕망은 법을 초월하여 달성하라고 충동질을 하고 있다.

이 세상을 만드신 창조주 하나님의 법은 인간들이 생육하고 번성하며 땅을 차지하도록 하셨다. 이는 인간에게 주신 지정의와 자유의지의 능력으로 수행하는 삶의 법적 권리다. 인간은 이런 생명을 위한 법적 능력을 끝 모르는 욕망으로 변화시켜 탐욕의 도구로 사용하고 있다.

인간의 욕구에는 생리적 욕구와 사회적 욕구, 그리고 자아실현의 욕구가 있다. 그중 생리적 욕구는 씨를 뿌리며 보존하는 자연 질서의 법 안에서 생존을 위한 의식주의 해결과 안정된 생활을 위한 욕구이며, 사회적 욕구는 먹고사는 문제가 해결된 뒤 가족과 사회와의 친화적인 관계를 맺으려는 욕구를 말한다. 그리고 자아실현의 욕구는 자기가 원하는 것을 얻게 되면 자기 정체성을 생각하고 자기 영혼의 만족을 충족시키려고 이름을 높이고 크게 알리고픈 욕구다.

자아실현은 돈이나 명예로 얻을 수 있고 다른 사람의 주목이나 존경을 받을 수 있지만 언젠가 독수리처럼 날아가버리는 것이라는 걸 깨달아야 한다. 이 단계에서 신앙심이 필요해진다. 하나님의 씨 뿌리는 우주 경영 법칙을 상고하며 하나님의 역사 속에서 살아가는 자신을 돌아보아야 한다. 영혼의 갈급을 채워주는 예수 그리스도의 법의 비밀을 찾아야 한다.

많은 사람들은 부를 축적하고, 명예를 얻으며 살기를 바란다. 이 욕망을 위해 법을 활용하기도 한다. 인간을 통제하는 법을 잘 활용하면 부자가 되고 명예를 얻는 지름길을 찾기가 쉽다. 하지만 법을 잘 모르고 활용하지 못하는 사람은 여러모로 불이익을 당하거나 다른 사람의 돈벌이 수단이나 성공을 도와주는 들러리 노릇을 하며 가난하게 살게된다.

소위 재테크는 내 유익을 위해 법을 어떻게 활용하느냐 하는 것이 핵심이다. 법의 테두리 안에서 어떻게 사람들을 이용하고 내 유익을 얻어내는가 하는 문제이기도 하다. 세상의 법 안에서 재물을 축적하는 방법에는 직장 생활이나 사업, 농사뿐 아니라 주식이나 부동산 투자 등 여러 가지가 있다. 그중에 크게 성공하려면 사업을 하면 되지만 사업을 통해 성공하기란 쉽지 않다. 많은 부자들은 집이나 땅 등 부동산 투기를 통해 자신이 원하는 결과를 얻고 있다.

부동산 투자

국가마다 부동산 관리를 통해 국토를 유용하게 활용하려고 노력을 한다. 또 특정인이 과다한 소유로 다수에게 불이익을 주지 않도록 국토관리법, 도시계획법, 농지·임야관리법, 상하수도법, 도로교통법 등 다양한 법과 법규를 만들고 철저히 규제하려고 한다. 그래서 국가의 모든 법 중에 부동산에 관계된 법의 숫자가 가장 많기도 하다.

사람이 살 수 없는 거친 땅 황무지가 사람들이 모여 편안하게 살 수 있는 주거지역이 되면 땅값, 집값이 오르고 사람들이 많이 활용하는 상가 지역이 되면 천정부지로 부동산 값이 요동친다. 이런 부동산의 변모하는 모양을 재빠르게 이용해 재테크를 하면 반사 이익을 보게 된다.

한정된 땅을 많이 차지하려고 눈독을 들이는 사람들이 많으면 부동산 투기 바람이 불기 마련이다. 부동산 투기는 관련된 법률을 얼마나 숙지하고 활용하느냐 하는 것이 관건이며, 법의 사각지대이기도 하다. 하지만 국가 경영 주체인 정부는 경기 활성화를 위해 부동산에 대한 투자와 활용을 촉진하기 위해 건전한 부동산 투자 붐을 진작하려고 할 때가 많다. 부동산에 관련한 법을 새로 만들거나 개정하면서 부동산 시장이 활발하게 움직이기를 바라기도 한다. 그 부작용으로 난개발이 빈번하고, 투기의 역풍으로 자연이 훼손되어 몸살을 앓기도 하고, 부동산 부자가 권력을 탐하고 정치를 휘두르는 경우도 발생한다.

주식 투자

주식은 현대 산업과 자본주의 문명의 꽃이라고 말한다. 경제 원리의 법에 의해 제도화된 주식 시장은 기업의 자금줄 노릇을 하고 자본가들의 사업 영역을 넓혀주고 있다.

주식은 주식회사를 설립하고 총자본을 주식의 수에 따라 나눈 자본의 단위다. 주식 거래는 주식의 시세를 이용하여 현물이 없이 사고파는 투기식 거래 행위다. 주식 금융은 주식을 매개로 필요한 자금을 융통한다. 그러므로 주식회사는 자본을 주식으로 균분하고 소유하고 있는 주식 금액 이상을 책임지지 않고 성립되는 기업의 유한 책임회사다. 51퍼센트가 넘는 다수의 주식을 소유하는 사람이 경영권을 장악할 수 있다.

재물의 성경적 사용

재물에도 나쁜 것과 좋은 것이 있을 수 있을까? "나쁜 돈이 좋은 돈을 쫓아낸다"는 의미의 경제 용어 '그레셤의 법칙'이라는 것이 있다.

16세기 때 영국의 엘리자베스 여왕의 경제 고문이었던 그레셤이 주장한 이 경제 법칙은 국가가 화폐로 사용하는 금이나 은화처럼 질이 다르지만 같은 가치를 지닌 화폐의 경우 질이 높은 화폐는 사라지고 질이 낮은 화폐만 유통된다는 모순을 지적한 이론이다.

그레셤의 법칙은 조직 사회에서 발생하는 갖가지 문제나 분쟁의 원인을 보면 좋은 것은 자기가 취하고 나쁜 것만 내세우는 이기주의나 발전적인 변화를 거부하고 구습의 나쁜 관습을 버리지 못하는 현상을 빗대는 말로 사용하기도 한다. 또 교회의 영적·긍정적 사명을 외면하고 세속적 겉모습에 치우치고 있는 현실을 깨닫게 하기도 한다.

지금은 사회가 복잡해지고 문화가 다양해지고 경제 활동이 활발해지면서 현실에 맞게 각종 법이 많이 만들어지고 있기 때문에 정치·경제에 관련된 법을 모르면 살아가기 힘든 세상이다. 하지만 생존의 법은 종교와 깊은 관계가 있다. 성경은 "이 세상은 하나님의 법 안에서 가난한 자와 부자가 어울려 살기 마련이며 많은 재물보다 명예를 택할 것이요, 은이나 금보다 은총을 더욱 택하라"고 충고하고 하나님의 법으로 축복을 누리는 방법은 "겸손과 여호와를 경외함의 보상은 재물과 영광과 생명이니라"(잠 22:4)고 권고하고 있다.

성경은 말씀의 법으로 잘 사는 지혜와 방법을 제공해주고 있다.

첫째, 만유의 주 하나님을 경외하고 말씀의 법에 순종하며 만복의 축복을 소망해야 한다.

둘째, 농부 하나님의 영농의 법을 따라야 한다. 믿음으로 경제 부흥을 위해 지혜롭게 땀을 흘려 많이 심고 가꾸고 수확해야 한다.

셋째, 목적과 관계가 분명해야 한다. 부의 축적도 중요하지만 힘써 얻은 재물을 사랑을 실천하는 도구로 삼으라고 가르치고 있다.

그 반면에 성경은 돈을 만악의 뿌리라고 지적하고 바른 수단으로 돈을 벌고 돈을 선한 목적에 사용하라고 종용하고 있다.

경제 사정이 어려우면 가정생활이 힘들어지고 삶의 의욕이 떨어지기 쉽다. 가난은 준법정신을 흐리게 하고 범죄의 원인을 제공하기도 한다.

대부분의 재벌들이 재산을 형성하는 과정의 이면을 보면 법을 악용하거나 편법을 사용한다. 하지만 어떤 부자는 불법으로 재물을 모으는 일이 정의롭지 못하다고 생각하고 있다. 또 많은 사람들이 모아준 재물을 정의롭게 사용하는 것이 부자의 의무라고 말하기도 한다.

20대에 헤지펀드 회사를 창립하고 15억 달러(약 1조 6천억 원)의 재산가가 된 미국의 존 아널드는 세 자녀가 있지만 자녀들에게 재산을 상속하지 않고 재단을 설립해 창조적인 아이디어를 가진 능력자들을 지원하기로 했다. 투자의 귀재로 불리는 워런 버핏은 수십조 원에 이르는 재산의 99퍼센트를 사회에 되돌려주겠다고 공언했다. 또한 마이크로소프트의 빌 게이츠 역시 돈을 벌고 쓰는 것은 좋지만 물려주는 재산은 이로움보다 해가 더 크기 때문에 자식들에게 무엇인가 하고 싶을 만큼의 재산을 주고 아무 일도 하고 싶지 않을 만큼의 재산을 주지 않겠다고 말했다. 그는 자선사업 등에 많은 돈을 기부하고 있다. 중국의 액션 배우 청룽(성룽)은 자신의 재산 절반을 사회사업에 기부하겠다고 밝혔다. 아들이 능력이 있다면 스스로 돈을 벌어 잘 살 것이고 만약 능력이 없다면 유산을 다 낭비하고 말 것이기 때문이라는 이유도 함께 전했다. 세계적인 면세

점 체인 듀티프리퍼스의 공동 창업자인 척 피니는 수십 년간 수조 원의 재산 대부분을 익명으로 기부해온 것이 뒤늦게 알려졌다. 그는 15달러 짜리 플라스틱 손목시계를 차고 허름한 식당에서 식사를 하고 비행기 3 등석을 타는 등 근검절약을 실천해왔다.

성경은 "마음이 부패하여지고 진리를 잃어 버려 경건을 이익의 방도로 생각하는 자들의 다툼이 일어나느니라 그러나 자족하는 마음이 있으면 경건은 큰 이익이 되느니라 우리가 세상에 아무 것도 가지고 온 것이 없으매 또한 아무 것도 가지고 가지 못하리니 우리가 먹을 것과 입을 것이 있은즉 족한 줄로 알 것이니라 부하려 하는 자들은 시험과 올무와 여러 가지 어리석고 해로운 욕심에 떨어지나니 곧 사람으로 파멸과 멸망에 빠지게 하는 것이라 돈을 사랑함이 일만 악의 뿌리가 되나니 이것을 탐내는 자들은 미혹을 받아 믿음에서 떠나 많은 근심으로써 자기를 찔렀도다 오직 너 하나님의 사람아 이것들을 피하고 의와 경건과 믿음과 사랑과 인내와 온유를 따르며 믿음의 선한 싸움을 싸우라 영생을 취하라 이를 위하여 네가 부르심을 받았고 많은 증인 앞에서 선한 증언을 하였도다"(딤전 6:5~12)라고 충고한다.

법으로 통제하는 다문화 세계

인구의 증가와 첨단 과학 산업, 정보화의 발달에 따라 국가 간 교류의 증가는 문명과 문화의 발전을 이룩하면서 세계를 하루 생활권으로 만들었다. 이러한 현상은 보수주의적 민족에게 진보 사상을 심어주고, 전통과 관습, 문화가 다른 세계의 모든 사람들을 한 가족으로 교제하는 다문화 사회를 형성하게 만들었다.

미국, 중국, 러시아 등 강대국이 많은 민족으로 구성되어 있지만 다른 소수 민족들도 다문화권의 민족과 여러 모양으로 교류하면서 다문화 민족으로 발전하고 있다.

다문화 국가는 그것에 맞는 법의 통제를 통해 안녕과 질서를 유지할 수밖에 없다. 미국의 경우 아메리카에 토착하고 있던 인디언들의 땅을 차지한 백인들이 국가 발전을 위해 아프리카의 흑인 노예를 잡아다가 일을 시키고 인력 확보를 위해 세계의 많은 민족을 받아들여 다문화 국가로 발전해왔다. 그 어려운 과정을 극복하기 위해 지금도 통제를 위해 강력한 법 집행과 다문화의 문제를 해결하고 융합시키기 위한 문화 정책을 펴고 있다. 많은 민족을 융합시킨 경험을 바탕으로 이제는 세계의 경찰 국가로 군림하고 있다. 러시아와 중국은 다문화 민족의 통합의 힘으로 주변의 많은 민족과 국가를 흡수하려고 노력하며 수많은 피어린 역사의 흔적을 남겨왔다.

자국의 영토에는 해가 지는 일이 없다고 자랑하며 세계 정복에 나섰던 영국이나, 프랑스의 나폴레옹의 정복욕은 그 침략의 부산물인 다문화 흡수를 위한 진통을 겪고 있다.

필연적으로 진행되는 세계의 다문화화는 산업화 과정에서 선진국들이 후진국의 인력을 활용하며 노동력과 기술을 수입하면서 더욱 표면화되고 가속화하고 있는 실정이다. 하지만 타 문화 유입과 함께 이방 종교의 침투가 큰 골칫거리로 등장하고 있다. 종교 특성의 포교력이 문화적 동질을 강요하는 지경에 이르고 있는 것이다.

안정된 생활을 추구하는 인간 사회는 생소한 인종이나 문화의 유입과 종교의 침투를 경계한다. 전통의 파괴와 혼혈 문제는 극복하기 힘든 장벽이 되고 있다. 하지만 경제 발전과 번영을 위해 어쩔 수 없이 문화의 세계화는 계속되고 있다. "지구촌의 모든 사람은 모두 한 가족이다"라고 외치며 받아들이면서도 뒤로는 엄격한 법으로 제약하는 장치를 마련하기에 급급하다. 법으로 민족을 통합하고 문화를 조화롭게 하기에는 역부족이며 그 진통은 오래갈 것이다. 그 해결책은 오직 사랑의 힘으로만이 가능하다.

법이 많아지고 준법정신이 높아지고 경제 수준이 향상되면 그만큼 사회 갈등도 많아진다. 삼성경제연구소는 21세기 들어 한국의 사회 갈등 수준은 OECD 국가 중 종교 분쟁을 겪고 있는 터키에 이어 두 번째로 높다고 밝혔다.

지역 간, 노사 간, 이념 간, 공공 목표 간 갈등이 원만하게 관리되지 못하고 그 간접 비용이 연간 200조 원에 이른다. 사회 갈등은 저성장으로 나타난다. 사회 갈등이 사회 전반에 무기력증을 확산시키기 때문에 정치적·행정적 조치가 요구되고 있지만 법의 힘만으로는 어찌할 수 없는 현상이다. 그 부작용으로 사회 갈등은 염세주의로 나타나 자살자를 증가시킨다. 특히 청소년들의 자살률은 심각한 사회 문제가 되고 있다.

영적 갈급을 해결해야 할 종교 단체들이 정치 단체와 입법부인 국회에 이어 세 번째로 부패한 집단이라는 여론 조사 결과가 있다. 국제투명성기구가 세계 107개국 11만 4,300명을 대상으로 실시한 조사에 따르면 법을 수호해야 할 정치 단체 3.9점, 법을 만드는 국회의원 3.8점, 종교 지도자 3.4점, 공무원 3.3점, 법을 다루는 사법부와 법의 수호자 경찰과

정도를 걸어야할 언론 기관과 재벌급 기업이 3.2점 등이었다고 한다. 법과 친근하고 법의 사정을 잘 알며 법을 통해 살아가는 사람들이 더 법을 요령껏 위반하고 악용하며 자기 유익을 챙기려고 하는 것은 왜일까?

법과 밀접한 관계에 있는 사람들의 부패도가 높은 것은 지도력의 영향력이 크기 때문에 발생하는 부작용으로 볼 수 있지만 종교 단체들의 부패도가 높은 것은 정신문화의 쇠퇴로 인한 영적 갈등을 반영하고 있는 것으로 보인다.

부정부패를 유발하는 대상은 재물이 가장 높았고 그다음으로 인사 비리, 명예 날조, 병역 기피, 탈세 등 대부분이 지도자들의 특권을 악용하여 저지르는 것이라고 한다. 부정부패는 지도자들의 욕망을 반영하고 있다. 법을 집행하는 지도자들이 재물과 명예욕에 사로잡혀 있다는 것을 증명한다.

정의로운 사회를 소망하는 많은 사람들은 부패 척결에 모든 사람들이 힘을 모아야 한다고 생각하고 정부 등 국가 기관이 부패 방지에 앞장서야 한다고 주장한다. 부정부패는 법의 엄정한 집행으로 예방하고 불법이 발을 붙이지 못하도록 국민이 스스로를 위해 고발정신을 갖고 감시해야 한다. 하지만 사회 조직이 발전하고 경제 활동이 증가하고 이를 지원할 법이 많아지면 그만큼 부정부패도 상대적으로 증가한다는 것을 부인할 수 없다.

인간은 생명의 법에서 자유롭지 못하다

인간의 생명은 자연법칙의 원리에 의한 씨 뿌리는 우주 경영 법칙에 의해 주어진 것이다. 창조주 하나님의 뜻에 의한 예정된 섭리에 따라 태어나는 생명에게는 하나님께 영광을 드릴 책임과 의무가 주어진다.

많은 사람들은 자기가 자연법칙의 일부로 태어나 자연 안에서 생존하고 자연의 이치에 따라 죽어야 한다는 것을 거부하고 있으며, 몇몇 사람들은 하나뿐인 소중하고 단회적인 자기 목숨을 스스로 끊어버리는 자살을 선택하고 있다.

세계에서는 자살 예방의 날을 제정하고 자살 방지를 위한 캠페인을 벌이고 있다. 한국의 경우 21세기에 들어 청소년의 자살 증가가 성인에 비해 높은 것으로 나타났다. 10~19세 청소년의 자살률은 10만 명 당 5.58명이라고 한다.

그 원인은 사회적인 법에 의한 강제적 제약에 대한 부담이 늘어나면서 우울증이 증가했기 때문이며 학업에 대한 부담과 진학 문제, 인간관계로 인한 갈등, 경제적 빈곤, 성적 방종 때문이라고 한다.

법을 앞세우는 지도자들

성장의 법칙으로 경영되고 있는 인생의 법의 숲은 지도자가 이끌어왔다. 지도자는 무엇을 하는 사람인가? 한 치 앞을 예측할 수 없는 선과 악이 공존하는 인생길의 안녕과 질서를 보호해주고 문화적 삶의 향상과 무리의 지경을 넓혀주고 번영시켜줄 역할을 맡은 유능한 사람이다. 지도자는 인류 발달과 함께 가문, 부족, 민족, 나라마다 무리의 요구로 세워진다. 지도자는 흩어진 사람들을 묶어 조직화하고 가르치고 지시하고 이끄는 권한을 갖는다. 지도자는 원만한 조직 경영을 위해 법을 만든다.

전통과 관습, 그리고 예의와 도리 위에 법률, 법령, 규칙 등을 만들고 사람들의 이해와 이익을 통제하고 조정하는 일을 한다. 지도자는 법을 잘 알고 요리하는 법의 재주꾼이다. 그래서 지도자의 태반은 자신의 말이 법이라고 고집하며 법을 양산해나가고 있다.

지도자의 태반은 제 입맛대로 법을 만들고 제멋대로 법을 집행하며 무리가 추종하기를 강요한다. 공의를 내세우는 법에는 악법도 있기 마련이지만 악법도 법임으로 그 법에 매여 사는 것이 마땅하다고 주장한다. 법의 방종이 묵인되기도 하지만 커다란 법의 무게에 눌려 저항하는 민초들에 의해 법이 몸살을 앓다가 굴복하고 법을 개정하는 일도 적지 않다. 하지만 법을 앞세우는 지도자들은 법은 만민 앞에 평등하다고 큰소리로 외친다. 인생 만사는 법 안에서 형통하게 하는 것이라고 설득한다.

법을 좋아하는 지도자는 법에 의지하는 독재자가 되기 쉽다.

시대가 영웅을 만든다는 속담처럼 역사를 이끌어왔던 지도자의 발자취를 더듬어보면 태반이 역사의 흐름을 바꿔보려는 영웅심에 불탔고, 역사를 자기 취향대로 움직이려고 법을 만들어 집행해왔다.

인간 지도자들의 업적을 보면 역사에 남을 정도로 칭찬을 듣는 지도자는 극히 적었다. 좁은 역사관에 뿌리를 두고 법으로 합리성을 내세우며 정의에 이르려 하고, 대중이 따르기를 원했다. 특정 사상을 강요하고 개인의 자유를 억제하며 행동 통일을 위해 강력한 목표를 설정하고 추진하며 강요하기를 일삼았다.

법을 앞세운 지도자의 독재는 역사에 기록되고 많은 문화유산을 남겼다. 그 역사의 흔적을 보면 인간의 법은 아직도 온전하지 못하다. 강력한 지도자가 펼치는 법의 한계 안에서 자유를 누리려고 몸부림을 치고 있다는 것을 깨닫게 한다.

이집트 파라오의 거대한 무덤인 피라미드는 절대 권력자의 강요된 법에 의해 세워졌다. 영혼의 불멸을 믿고 생과 사의 법에서 벗어나고 싶어 하는 염원을 위해 만들어진 문화유산이지만 수많은 노예가 동원되어 고난의 피를 흘린 건축물이기도 하다.

중국 진시황의 만리장성도 마찬가지이다. 열세 살 때 등극한 후 중국에 황제라는 강력한 법 제도를 만들고 거대한 중국을 처음으로 통일시킨 위대한 왕이라는 이면에 북방의 외침에 대비해서 만리장성을 쌓았고, 아방궁을 만들어 호사를 누렸으며, 강력한 통치를 위해 모든 민간의 지식을 금기시하면서 분서갱유 사건을 일으켰다.

로마의 네로 황제나, 몽골의 칭기즈 칸, 프랑스의 나폴레옹, 독일의 히틀러, 북한의 김일성 등 모든 독재자 및 카리스마를 지닌 지도자들이 법을 앞세워 사람들을 억압하고 핍박해왔다.

06
교회 지도자의 잘못된 법 활용

누가 철학과 헛된 속임수로 너희를 사로잡을까 주의하라 이것은 사람의 전통과
세상의 초등학문을 따름이요 그리스도를 따름이 아니니라(골 2:8).

역사는 진리를 깨우치게 하려고 존재하고 종교는 진리를 찾기 위해 노력
한다. 역사의 무대를 장식하는 바탕은 종교이고 종교는 문화의 어머니
다. 종교의 뿌리에서 생명의 실체를 밝히려고 노력하며 인간 문화가 발
전해왔다. 이 세상을 만드신 하나님을 믿는 것이 신앙의 기틀이 되고 종
교가 문화의 모습을 만들어나가고 있지만 이 진리가 심오해서 사람들이
깨닫지 못하고 제멋대로 여러 형태의 종교를 만들어 영혼의 만족을 얻으
려고 한다. 우주를 창조하신 하나님을 믿지 못하면 우주를 경영하는 법
을 알 수 없다. 오직 기독교만이 하나님의 법을 확신하고 믿고 생명과
진리의 법을 따르고 있다.

이 세상의 모든 종교들은 알지 못하는 우주 창조의 심오한 비밀을 부득이 외면한 채 그 종교를 만든 지도자가 밝히는 제각각의 원리와 이치를 법제화한 교리를 신앙의 구심점으로 삼고 포교한다. 종교의 본질은 포교 활동을 하며 교세를 확장하는 것이다. 종교 지도자들은 이 바람이 강할 수밖에 없는 자리에서 문화 대립을 넘어 분쟁이나 전쟁으로 치닫는 위험을 감수하면서도 자기 사명과 의무에 최선을 다하려고 한다.

북한 교회의 지도자

이 세상에는 하나님의 법을 무시하고 인간의 양심을 비웃는 이상한 일이 벌어지기도 한다. 특히 한국에서의 불법적 독재 통치와 세습 체제로 부패한 종교 지도자가 세상의 주목을 받고 있다.

제2차 세계대전 후 전쟁의 부산물로 생긴 분단 국가 한국의 북반부를 차지하고 있는 조선인민공화국은 러시아의 독재자 스탈린의 지원을 받은 김일성이 세웠다.

공산당식 사회전체주의자로서 북한의 최고 지도자가 된 김일성은 기독교 가정에서 출생했다. 아버지 김형직은 기독교 명문 학교인 숭실중학교를 다녔고 독실한 크리스천인 강돈욱 장로의 딸인 강반석과의 사이에서 태어나 어려서 기독교 교육을 받고 성장했다. 김일성은 성장하면서 상해 임시정부 의정원의 의장을 지내고 길림한인교회를 개척해 하나님 사랑과 애국심을 심어주었던 손정도 목사와 인연을 맺었다. 아버지 김형직은 1926년 죽으면서 김일성에게 어머니를 모시고 길림에 있는 손정도 목사를 찾아가 도움을 받으라고 유언을 했다. 당시 소년이었던 김일성은 어머니와 손 목사의 보살핌을 받고 교회생활을 했다. 이때 어머니 강반석 집사는 매일 새벽기도 종을 치며 신앙생활을 했다.

김일성은 1994년 사망하기 전 미국 네브래스카에서 의사로 살아가던 손정도 목사의 아들이자 어릴 적 친구였던 손원태를 평양으로 초청하고 손 목사로부터 받은 은혜에 보답하는 자리를 만들었다. 김일성은 어머니 강반석 집사의 작은아버지 강양욱에게 조선기독교도연맹을 설립하도록 했고 그의 뒤를 이은 강영섭 목사는 한국의 기독교와 교류하도록 허락했다. 지금은 손자 강명철 목사가 조선그리스도교연맹 위원장을 맡고 있다. 강명철 위원장은 취임 후 한국기독교교회협의회에 "새로 선출된 조그런 위원장은 주님이 주신 사역을 충실히 수행하고 민족의 화해와 통일을 실현하는 일에 한국기독교교회협의회와 연대해나가겠다"고 통고해왔다.

신앙 속에서 자랐지만 공산 독재 국가를 세운 김일성과 그의 아들 김정일. 손자 김정은의 3대 세습 독재 국가 안에서 김일성의 외가 쪽 강돈욱 장로의 기독교 집안이 북한에서 유일한 기독교 단체를 3대째 세습하며 이끌고 있는 현실은 하나님의 깊으신 뜻과 섭리의 비밀을 엿보게 한다.

부끄러운 대형 교회 지도자

세계 최대 교회인 한국 S 교회의 원로 목사 C 씨는 한국 교회의 성장 모델로 주목받아왔다. 1958년 장모가 된 최 모 목사와 서울 변두리에서 천막교회로 출발해 정치 중심지에 교회를 일궈 대형 교회로 발전시켰다. 많은 성도가 모이면서 C 목사의 권위도 하늘 높이 솟았고 그의 영향력

은 교단을 넘어 세속의 권세까지 미치는 지경에 있다. 존경받는 종교인
이 된 그의 권위와 명성은 재물 축적으로 나타나고 자식들의 탈선으로
발전했다. C 목사는 검찰에 거액의 교회 헌금을 유용하고 세금을 포탈
한 혐의로 불구속 기소되었다.

C 목사의 후광을 입고 S 교회의 지원으로 창립한 모 일간신문의 회장
이 된 그의 장남은 국세청 세무조사를 받고 세금 포탈 혐의로 구속됐다
가 항소심에서 풀려나는 등 법정 문제가 복잡하다. 차남도 횡령 혐의로
징역 8월에 집행유예 2년의 판결을 받았다.

C 원로 목사 일가의 끝이 없는 탈선은 또 다른 구설수에 올랐다. 세
번째 이혼 경력이 있는 장남 조 모씨는 유부녀였던 정치인 출신의 모 여
인으로부터 서울가정법원에 친자 확인 소송을 당했다. 정식 결혼 약속
을 지키지 않고 생활비도 보내주지 않고 연락도 끊겨 버림을 당했다고
생각한 것이다. 큰아들의 이해하기 어려운 이성 문제에 이어 C 목사도
정 모 여인과의 불륜 사건으로 구설수에 오르기도 했다. 세계적 부흥사
로 우뚝 선 C 목사는 자기의 기복 신앙을 신학으로 만들었다가 다시 영
성 글로벌 포럼이라는 신학 강좌로 사람들을 모으고 있다. 생각, 꿈, 말,
믿음이라는 슬로건을 내세운 4차원 영성의 연합 기도회에서 대한민국의
전 국회의장 김 모씨는 "4차원 영성으로 성경을 창조적으로 해석해준 세
계적인 목사를 모시고 사는 것이 자랑스럽다"고 그를 칭송하기도 했다.

교회 성장의 귀재로 선망을 받고 한때 다윗이라는 이름을 가졌던
C 원로 목사 일가의 세속적 탈선과 법 위반 사건은 기독교인들을 난감
하게 만들고 있다. 세상의 지탄이 기독교를 폄하하는 지경에 이르고 비
웃음을 받으며 교회 성장에 타격이 올까 염려하게 만들고 있다. 하지만

C 목사는 세상 법도 함부로 어찌하지 못하는 유명 인사가 되어버렸다.

여러 가지 교회의 분쟁들

악해져가는 세상을 선하고 거룩하게 변화시켜야 할 교회가 오히려 세속에 물들면서 세상이 교회를 염려하는 시대가 되었다. 그 상황이 악화되어 교회의 법을 초월하여 세상의 법이 교회를 감시하고 수사하고 심판하는 지경에 이르렀다. 교회가 분쟁에 휘말리는 요인은 다음과 같다.

첫째, 교회 목회에서 담임 목사의 권한과 사역의 비중이 너무 크기 때문이다. 목회자의 권한이 독선적 막강한 권력으로 발전하면서 평소에는 성도들이 순종하는 것처럼 보이지만 어떤 문제나 실수가 드러나면 상황이 악하게 급변한다. 목회자의 태반은 하나님의 이름을 핑계대고 안일하게 분쟁을 어물쩍 넘기려다 사태를 악화시키는 경우가 많다.

둘째, 교회의 담임 목사를 교회가 임명하고 해임시킬 수 없는 것도 원인이다. 노회와 총회의 임명과 징계의 절차를 거쳐야 한다. 분쟁이 발생하면 법적 조치가 복잡해지고 수습할 방법을 찾기가 어렵다. 반면 담임 목사를 쉽게 임명하고 해임할 수 있는 제도를 마련해도 문제가 많다. 다양한 계층으로 구성된 성도들의 의견을 조정하기 힘들기 때문이다.

셋째, 교회 주변에는 항상 반기독교 세력과 이단이 분쟁의 빌미를 잡으려고 노리기 때문이다. 신앙의 무게와 신학의 경륜이 제각각인 성도들의 여론을 호도하고 교회를 공격하려고 호시탐탐 노리고 있는 것이다.

지금 세상의 법들은 "그동안 교회는 나라가 바른 길로 나아가기를 위해 기도해왔지만 지금은 나라가 교회를 돌봐주고 제 기능을 다하도록 지도해주어야 할 상태"라고 주장하고 있다. 세상 법 앞에 선 교회의 수습책에 대해 목회자는 "법적 문제를 제기한 장로가 교회를 떠나면 해결된다"고 말하며, 장로는 "무능·무책임한 목사가 떠나면 수습된다"고 주장한다. 올바른 성도들은 목사와 장로가 보기 민망하도록 사납게 싸우지 말고 자숙하기를 바라고 있다. 교회 분쟁은 승자도 패자도 없다. 모두가 사랑을 잃고 망가지게 된다. 하나님의 법 앞에서는 분쟁 자체가 응징의 대상이기 때문이다.

종교와 정치와 법은 서로의 특성상 분류가 필요하다. 종교가 정치를 바른 길로 나아가도록 복음으로 변화시키고 또 정치는 종교 활동을 이용하거나 제압하지 못하도록 하고, 세상 법은 교회법에 앞서지 않아야 한다. 종교 집단은 치외법권적인 존재가 아니다. 종교 지도자들은 정치권의 눈엣가시처럼 보인다고 해도 정치에 관여하지 않으면 무사하다고 생각한다. 교회 안에서의 부정부패, 목회자의 횡포와 불합리한 범법 행위가 외부로 노출되어 여론의 비판을 받지 않으면 정치권이나 사법 기관에서는 문제로 삼으려 하지 않는 경우가 많다.

섬기는 직분자인 종교 지도자가 하나님의 이름과 사역이라는 명분으로 독재자로 변하기 쉽다. 세속적 기업처럼 목회하고 성도들을 추종자로 거느리려고 하기 때문이다. 지각이 없는 맹목적인 추종자들이 지도자를 나쁜 길로 나가도록 부추기고 있다. 또 많은 성도들이 목회자를 하나님처럼 섬기며 제멋대로 목회하도록 방관하기도 한다.

세속화한 교회는 목회자가 갑의 위치에서 을이 되는 성도를 손님처럼 대한다. 을의 자리에 있는 성도는 갑의 권한을 즐기는 교회 지도자들의 재정의 부정이나 불륜, 월권행위, 세속화 목회, 저질 설교 등 부정 행위에 대해 하나님이 심판하실 것이라고 말하며 간섭하기를 꺼려하고 있다. 모든 종교·정치 지도자들에게는 하나님을 떠나 죄악 가운데서 표류하고 있는 이 세상을 진리를 향해 변화하도록 해야 할 중대한 사명과 책임이 있다. 죄에서 의로움으로 죽음에서 생명으로 거짓에서 진리로 미움에서 사랑으로 변화시키라는 하나님의 법(뜻)은 성령과 생명의 법에 순종할 때 이루어지는 선이다.

진리의 법질서를 파괴하는 세력들

이 세상은 영과 육의 전쟁이 극심해지고 있다. 옛 예루살렘을 중심으로 기독교와 대립하고 있는 중동의 이슬람교 국가들과 한반도의 북쪽을 점령하고 있는 조선인민공화국은 기독교를 박해하고 인권 유린을 일삼고 있다. 가장 기독교 박해가 극심한 나라로 지목받고 있는 북한은 건국 후 기독교를 용납하지 않고 있으며 그 박해의 정도가 더 극심해지고 있다. 고난 속에서도 살아남은 기독교인의 상당수는 정치범 수용소에 갇혀 있다고 한다. 중동의 이슬람 국가들은 역사적으로 기독교와 맞서면서 자살 폭탄 테러 등 폭력을 일삼고 북한은 핵 무장으로 남한을 적화 통일하려고 노리고 있다. 기독교 박해는 하나님을 거부하는 데서 발생한다. 이는 하나님의 법을 무시하고 그리스도의 구원을 거부하는 행위로서 생명과 성령의 법을 파괴하며 그리스도의 심판을 파기하려는 무지에서 나오는 것이다.

07

하나님의 씨 뿌리는 우주 경영 법칙

나는 참포도나무요 내 아버지는 농부라 무릇 내게 붙어 있어 열매를 맺지 아니하는 가지는 아버지께서 그것을 제거해 버리시고 무릇 열매를 맺는 가지는 더 열매를 맺게 하려 하여 그것을 깨끗하게 하시느니라 너희는 내가 일러준 말로 이미 깨끗하여졌으니 내 안에 거하라 나도 너희 안에 거하리라 가지가 포도나무에 붙어 있지 아니하면 스스로 열매를 맺을 수 없음 같이 너희도 내 안에 있지 아니하면 그러하리라 나는 포도나무요 너희는 가지라 그가 내 안에, 내가 그 안에 거하면 사람이 열매를 많이 맺나니 나를 떠나서는 너희가 아무것도 할 수 없음이라(요 15:1~5).

사람들이 만물을 창조하신 하나님의 뜻과 섭리하시는 우주 경영 법칙을 알면 선하고 거룩하며 성공하는 멋진 삶을 살 수 있다. 인류 역사 이래 인간들은 자신들의 꿈을 이루기 위해 좁은 지식과 제한된 철학과 종교와 과학의 능력으로 노력해왔다. 특히 하나님의 말씀에 순종하며 그 섭리하시는 법을 따라 살기 원하는 성도들은 하나님의 우주 경영 안에서 살아가는 인생 경영의 비결을 알기 원했다. 하지만 피조물이며 죄로 영혼이 어두워진 인간은 하나님의 뜻을 알 수 없고 역사하시는 법을 깨닫기 어렵다. 자연 법칙에 감춰진 일반 계시와 특별하게 주신 성경 말씀을 통해 엿보고 배우며 깨달아나가고 있을 뿐이다.

성경은 "하나님은 농부의 마음을 갖고 창조의 법으로 이 세상을 만드셨다"고 설명하고 있다. 이 세상에 악이 개입하고, 하나님의 사랑의 상대이며 아들인 인간이 악에 물들어 타락하자 예수 그리스도의 세계를 펼치시고 구원의 역사를 섭리하고 계신다. 인간을 구원하시려고 사람의 몸을 입고 오신 예수 그리스도께서는 농부 아버지 하나님이 영농하시는 포도나무가 되어 구원의 주체가 된다고 말씀하셨다.

내가 몸담고 있는 '창조신학연구원'에서는 농부 하나님의 뜻과 섭리의 법 안에서의 모든 생물들의 우주적인 존재의 뜻과 삶의 모양과 그 결국에 대한 해답을 연구하고 있다.

하나님의 씨 뿌리는 우주 경영 법칙은 만물이 하나님께로부터 나와서 하나님께로 돌아간다(롬 11:33~36)는 말씀을 기초로 성령, 말씀, 생명, 사랑, 영농 섭리의 5영리를 밑거름 삼아 출발한다.

1. 성령 우주 창조를 하셨다. 성령으로 태어나신 예수 그리스도로 말미암아 십자가 구원을 성취하게 하셨다. 부르심을 받은 성도를 거룩하게 하여 풍성한 은사를 주시고 믿음, 소망, 사랑의 복음을 전파하게 하시고 천국으로 인도하신다.

2. 말씀 말씀은 예수 그리스도시며 창조의 능력이다. 자연 법칙 안에 충만한 진리다. 하나님의 특별한 계시로서 구원받은 성도를 생명으로 이끌어준다.

3. 생명 모든 생명은 영원히 존재한다. 죄로 악하게 변했지만 하나님은 새 생명으로 거듭나게 하시는 영농의 역사를 진행하시고 계신다.

4. 사랑 하나님의 뜻을 나타내는 선한 섭리의 법이다. 이 세상을 사랑하시는 하나님의 속성이다. 생명의 원천이며 삶의 바탕이다. 인류 역사는 잃은 사랑을 찾아가는 과정이다.

5. 영농 섭리 농부 하나님은 우주를 씨 뿌리는 섭리를 통해 경영하시고 계신다. 악을 제거하시고 선택하신 알곡을 영생의 나라로 수확하신다.

믿음으로 심고 소망으로 가꾸고 사랑을 수확하는 영농은 선악을 선별하고 심판하여 천국과 지옥의 처분을 하시는 과정이다. 인간은 하나님의 구원의 밭에서 영농이 되고 있는 것 같이 인간들도 자신의 인생을 멋지게 경영해야 한다.

창조신학 이론은 창조주 하나님의 뜻 안에서 인생을 어떻게 살아갈 것인가 하는 원리와 사회생활이나 사업 경영, 조직 운영 등 모든 삶의 현장에 적용할 수 있는 지혜를 제공해줄 것이다.

하나님이 자기 형상 곧 하나님의 형상대로 사람을 창조하시되 남자와 여자를 창조하시고 하나님이 그들에게 복을 주시며 하나님이 그들에게 이르시되 생육하고 번성하여 땅에 충만하라, 땅을 정복하라, 바다의 물고기와 하늘의 새와 땅에 움직이는 모든 생물을 다스리라 하시니라 하나님이 이르시되 내가 온 지면의 씨 맺는 모든 채소와 씨 가진 열매 맺는 모든 나무를 너희에게 주노니 너희의 먹을 거리가 되리라(창1:27~29).

성경은 하나님의 우주 창조와 섭리하시는 비밀에 대해 확실하게 알려주고 있다.

하나님은 인간에게 생육하고 번성하고 땅을 정복하라 하시며 창조하신 모든 것을 맡아 관리하라고 명령하셨다. 인간은 생육을 위해 씨 뿌리는 기능을 가진 남자와 밭의 기능을 하는 여자로 만드시고 씨의 번성을 통해 온 우주를 정복하게 하셨다. 하나님의 기발한 씨 뿌리는 우주 경영 법칙은 우주 안의 모든 동식물들에게 동일하게 적용되고 광물질 등 모든 유기물에 영향을 주고 있다. 하지만 태초에 이 세상에 잠입한 악으로 말미암아 하나님은 악을 제거하시고 인류를 구원하시기 위해 예수 그리스도의 세계를 펼치시고 하나님의 씨 뿌리는 우주 경영 법칙으로 섭리하고 계신다.

사람들이 잘 때에 그 원수가 와서 곡식 가운데 가라지를 덧뿌리고 갔더니 싹이 나고 결실할 때에 가라지도 보이거늘 집 주인의 종들이 와서 말하되 주여 밭에 좋은 씨를 뿌리지 아니하였나이까 그런데 가라지가 어디서 생겼나이까 주인이 이르되 원수가 이렇게 하였구나 종들이 말하되 그러면 우리가 가서 이것을 뽑기를 원하시나이까 주인이 이르되 가만 두라 가라지를 뽑다가 곡식까지 뽑을까 염려하노라 둘 다 추수 때까지 함께 자라게 두라 추수 때에 내가 추수꾼들에게 말하기를 가라지는 먼저 거두어 불사르게 단으로 묶고 곡식은 모아 내 곳간에 넣으라 하리라(마 13:25~30).

하나님의 우주 창조가 진행되고 인간이 만들어지기 전 잠자는 상태에 있을 때 우주 안에 악한 마귀가 잠입했다. 하나님께서는 선과 악이 공존하게 된 세상에서 악한 것들이 그 모습을 드러내면 심판하시려고 포도나무 예수 그리스도의 세계를 가동하셨다. 성경은 "세상은 밭이요 좋은 씨는 하나님의 아들들이요 가라지는 악한 자들이라"고 밝히고 심판을 통해 구원을 얻은 인간은 영생의 천국에 영접하고 악한 가라지는 지옥불의 형벌에 버리신다고 알려주고 있다.

영이 되시는 삼위일체 하나님의 창조 섭리는 경이로운 지혜와 신비한 능력과 비밀스러운 역사로 물리적인 세계를 통해 충만하게 하셨다.

홀로 한 분이신 하나님은 생육하라 하신 법에 따라 씨를 뿌리는 남자(수컷)와 씨를 받아 생육하는 여자(암컷)을 만드시고 각기 다르게 주어진 생명의 목적을 위해 결합하며 번성하도록 하셨다. 남자는 씨를 생산하고 뿌리는 신체 조건과 함께 강한 본능과 씨를 보전하는 외향적 욕망을 지닌 부성애와 외향적 성격을 주시고, 여자에게는 씨를 받아 생육하고 양성하는 여성적 신체 구조와 모성애와 내향적 성격을 주셨다. 남과 여는 한 몸을 이루며 사랑의 씨를 생산하고 그 씨가 번성하도록 도우며 대를 이어 번성하고 역사를 엮어나는 생명의 목적과 책임이 있다. 하지만 공중 권세를 잡은 악한 마귀는 이런 역사를 진행하시는 하나님의 뜻(법)을 방해하려 한다. 그 결과로 청지기 인간을 위시한 모든 생물들이 죽음을 맞이하고 질병의 고통과 온갖 갈등과 탐욕, 미움에 시달리고 있다.

농부 하나님의 씨 뿌리는 우주 경영 법칙은 이 세상을 사랑하사 죽음의 골짜기에서 신음하고 있는 생명을 구원하시는 하나님의 섭리의 법을 깨닫고 영생의 축복을 얻을 지혜와 원리를 제공해준다.

농사의 방법과 요령

이 세상을 영농하시는 하나님의 자연 법칙 안에서 인간은 자신들의 생존을 위한 먹을거리를 생산하려고 자유의지와 지혜와 과학으로 영농을 하고 있다. 농사는 자연법칙에 따른 영농의 기본을 잘 지켜야 한다. 풍성한 열매를 얻기 위해 제대로 영농 계획을 세우고, 인력을 확보하고, 필요한 기술을 습득하고, 장비를 마련하며, 철저한 준비를 해야 한다. 영농은 밭 조성, 씨 뿌리기, 가꾸기, 수확, 저장의 다섯 가지 일손이 많이 가는 기술의 과정을 거쳐야 한다. 인생 경영도 겸손한 농부의 마음으로 준비하고 무시로 닥치는 풍수해와 해충 공격을 방제하고 많은 수확을 얻어야 한다.

> 주께서 밭고랑에 물을 넉넉히 대사 그 이랑을 평평하게 하시며 또 단비로 부드럽게 하시고 그 싹에 복을 주시나이다(시 65:10).

농사를 지을 밭을 마련하면 밑거름을 주고 깊게 갈아엎고 씨를 심을 고랑을 만들어야 한다. 밭은 심을 씨가 필요로 하는 각기 다양한 수확의 목적과 성장의 특성에 맞는 조건을 만들어주어야 한다. 성경은 "너희가 자기를 위하여 공의를 심고 인애를 거두라 너희 묵은 땅을 기경하라 지금이 곧 여호와를 찾을 때니 마침내 여호와께서 오사 공의를 비처럼 너희에게 내리시리라(호 10:12)"고 인생살이와 사업 조직 경영도 기본인 밭을 잘 조성하고 그 바탕에서 성공하라고 권고한다.

씨를 뿌릴 때는 밭의 토양과 수분의 상태와 기후 조건 등 자연 법칙을 고려해서 선택해야 한다. 씨는 각기 생존의 목적이 있다. 여러 가지 채소와 나무, 풀 등으로 자라고 잎이나 열매를 맺는다. 씨가 땅에 심기면 땅의 힘과 수분과 빛의 지원을 받아 씨 자체는 두꺼운 껍데기 안에서 죽어가며 새 생명으로 다시 태어나기 위해 몸부림을 치며 새싹을 내고 식물로 자라난다. 씨는 죽어 다시 생명의 과정을 거쳐야 한다.

> 어리석은 자여 네가 뿌리는 씨가 죽지 않으면 살아나지 못하겠고 또 네가 뿌리는 것은 장래의 형체를 뿌리는 것이 아니요 다만 밀이나 다른 것의 알맹이 뿐이로되 하나님이 그 뜻대로 그에게 형체를 주시되 각 종자에게 그 형체를 주시느니라 (고전 15:36~38).

성경은 씨 뿌리는 영농에 대해 "눈물을 흘리며 씨를 뿌리는 자는 기쁨으로 거두리라"(시 126:5)고 말했다. 씨 뿌림은 죽은 생명을 다시 살아나게 하는 첫걸음이다. 인생살이도 죽어 마땅한 처지에서 생명을 탄생시키듯 새 소망을 갖고 좋은 일을 하는 것이다. 합당한 사업, 조직 경영 등도 좋은 씨를 선택하고 심고 멋지게 경영해야 한다.

식물을 가꾸는 데도 지혜와 지식이 필요하다

영농은 가꾸기에 따라 수확의 성과를 가늠해볼 수 있다. 그것은 이 세상에 선악이 공존하면서 악이 득세를 하려고 날뛰고 영농에도 그 영향이 미치고 있기 때문이다.

너는 아침에 씨를 뿌리고 저녁에도 손을 놓지 말라 이것이 잘 될는지, 저것이 잘 될는지, 혹 둘이 다 잘 될는지 알지 못함이니라(전 11:6).

악을 선으로 바꿔주는 영농 기술은 일손이 많이 가는 노동이다. 가지치기, 순치기, 옮겨심기, 뿌리치기, 접붙이기, 휘몰아 심기, 삽목하기, 묘종 이식 등과 병충해를 방제하는 농약 뿌리기, 웃거름 주기, 비닐하우스를 만들기, 필요한 영양 보충해주기 등 다양한 기술이 동원된다.

콩의 경우를 보면, 양지 쪽 태양 빛이 많이 들고 빗물이 적당한 밭에 심겨진 콩은 많은 수확을 얻게 하지만 빛이 없고 메마른 음지에 심겨진 콩은 잘 자라지 못한다. 하지만 성장 조건이 좋은 양지의 콩은 웃자라기 때문에 성장기에 가지치기를 해서 성장을 억제하고 콩이 많이 달리게 해주어야 한다. 꽃망울이 맺힐 때는 해충을 방제할 농약을 뿌려주어야 한다.

고추는 초봄에 따스한 온실에서 씨를 싹트게 하고 날이 풀리면 묘판에 이식했다가 늦봄에 밭에 정식을 해주어야 한다. 매운 맛을 내는 기호품 고추에는 탄저병, 뿌리 마름병, 역병, 잿빛 곰팡이병, 흰 가루병, 세균 점무늬병 등 10여 가지의 병충해가 수시로 덤벼들기 때문에 농부들은 영농 기간에 농약제를 살포할 기구를 메고 산다.

감나무는 어린 고욤나무에 감나무 가지를 접붙이기 하여 우량한 열매를 수확한다. 개나리, 버드나무는 연한 가지의 일부를 휘어 땅에 묻어 두고 그곳에서 뿌리를 돋게 한 다음 잘라 땅에 옮겨 심는다.

식물마다 지닌 약한 점을 공략해서 자라지 못하게 하고 병들어 죽게 하는 병충해가 극성을 부리고 있다. 각 식물의 특성을 따라 예방하고 치료하는 농약이 양산되고 있지만 또 다른 병충해가 발생하고 있다.

지구는 수십만 종류의 식물이 살고 있다. 그중에서 수만 가지를 식량으로 삼고 나머지는 잡초, 화초, 관상수라고 부른다. 그런데 식량이 될 식물에서 제외된 풀들이 농부의 영농을 방해하기도 한다. 먹지 못하는 잡초가 무성하면 먹을 식물이 죽기 때문이다. 농부가 호미로 풀밭을 매며 앞으로 나아가면 금세 뒤따라 잡초가 자라난다. 이를 풀과의 전쟁이라고 말한다.

농사를 통해 배우는 하나님의 섭리

식물들은 생육하면서 씨의 낭비를 통해 번성한다. 사과나무의 경우 사과 열매 하나에 10여 개의 씨가 들어 있다. 성숙한 한 그루 사과나무는 한 해에 수백 개의 과실을 맺는다. 그 씨의 양은 수천 개가 된다. 사과나무의 수명을 50년만 잡아도 한 그루 사과나무는 수십 억 개의 씨를 생산하게 된다. 이 씨들이 기하학적으로 번성해왔다면 지구는 이미 사과나무로 덮이고 다른 많은 식물들은 존재하지도 못했을 것이다. 하지만 대부분의 씨는 한 그루가 한 그루로 살아남는다. 이러한 자연 법칙의 섭리가 놀랍다.

영농은 악과의 전쟁처럼 보인다. 식물들을 공략하는 병충해와 모진 풍파와 가뭄이 공격한다. 잡초들도 식물의 성장을 방해한다. 인간의 삶도 악과의 싸움을 통해 경영되고 있다. 농부 아버지 하나님의 뜻 안에서 우주를 영농하시는 법에 따라 포도나무가 되어 이 세상을 구원하시는 예수 그리스도께서는 그 영농의 비밀을 설명해주셨다.

밭은 세상이요 좋은 씨는 천국의 아들들이요 가라지는 악한 자의 아들들이요 가라지를 뿌린 원수는 마귀요 추수 때는 세상 끝이요 추수꾼은 천사들이니 그런즉 가라지를 거두어 불에 사르는 것 같이 세상 끝에도 그러하리라 인자가 그 천사들을 보내리니 그들이 그 나라에서 모든 넘어지게 하는 것과 또 불법을 행하는 자들을 거두어 내어 풀무 불에 던져 넣으리니 거기서 울며 이를 갈게 되리라(마 13:38~42).

하나님의 씨 뿌리는 우주 경영 법칙의 영농 안에 감춰진 비밀은 구원과 생명과 사랑을 얻게 하시는 하나님의 충만하신 구원의 뜻을 깨닫게 한다. 예수 그리스도께서는 하나님의 경영에 참예하는 인간 청지기들이 악한 법의 숲을 헤치며 살아가는 방법을 제시해주셨다.

그런즉 씨 뿌리는 비유를 들으라 아무나 천국 말씀을 듣고 깨닫지 못할 때는 악한 자가 와서 그 마음에 뿌려진 것을 빼앗나니 이는 곧 길 가에 뿌려진 자요 돌밭에 뿌려졌다는 것은 말씀을 듣고 즉시 기쁨으로 받되 그 속에 뿌리가 없어 잠시 견디다가 말씀으로 말미암아 환난이나 박해가 일어날 때에는 곧 넘어지는 자요 가시떨기에 뿌려졌다는 것은 말씀을 들으나 세상의 염려와 재물의 유혹에 말씀이 막혀 결실하지 못하는 자요 좋은 땅에 뿌려졌다는 것은 말씀을 듣고 깨닫는 자니 결실하여 어떤 것은 백 배, 어떤 것은 육십 배, 어떤 것은 삼십 배가 되느니라 하시더라(마 13:18~23).

성경은 법의 숲에서 헤매는 인간들이 하나님의 씨 뿌리는 우주 경영 법칙 아래서 성령과 생명의 말씀의 법에 순종하며 살아가야 할 모습을 친절히 가르쳐주고 있다. 믿음의 결국은 천국의 수확에 참예하고 생명의 본 위치로 돌아가는 것이다.

천국은 마치 사람이 자기 밭에 심은 작은 겨자 씨 한 알을 영농하여 공중의 새가 깃드는 큰 나무로 키우는 것과 같다. 하나님의 참사랑을 성도들이 삶 속에서 밀빵을 부풀게 하는 누룩처럼 영농하여 나누어주는 것이다.

선악이 난무하며 갈 길을 훼방하고 있는 법의 숲에서 진리의 빛을 좇는 지혜가 필요하다. 악인을 골라내어 풀무 불에 던져놓을 세상의 끝이 도적처럼 다가오고 있기 때문이다. 법의 숲 속에 깔려 있는 무수한 장애물을 헤치면서 그 안에 감춰진 보화를 찾아내야 한다. 천국은 마치 밭에 감춰져 있던 보물을 발견한 사람이 기뻐하며 자기의 소유를 다 팔아 그 보물을 사는 것처럼 생명으로 나아가는 지혜를 얻어야 한다.

하나님의 사랑의 법에 따라 씨 뿌리는 우주 경영 법칙을 전하시는 예수 그리스도께서는 포도나무의 비유로 성령의 열매를 많이 맺으라고 말씀하셨다. "너희가 내 안에 거하고 내 말이 너희 안에 거하면 무엇이든지 원하는 대로 구하라 그리하면 이루리라"(요 15:7)고 약속하셨다.

씨의 본향은 땅이다. 씨는 밭에 심겨짐으로 그 존재 가치를 나타낸다. 씨가 바라는 것은 영농이 되어 또 씨를 맺고 수확이 되는 것이다. 하지만 농부가 씨를 뿌리지 않으면 존재하는 목적을 이룰 수 없다.

성경은 육적 영농을 하는 농부의 마음을 잘 표현하고 있다. 농부는 씨를 뿌릴 때 '그 심은 씨가 싹을 잘 내고 자라서 열매를 풍성하게 맺고 수확의 기쁨을 누릴 수 있을까' 염려하는 마음을 갖게 된다. 콩을 심었는데 팥이 날까 의심하는 것이 아니라 엄한 세상에서 가뭄이나 홍수, 병충해로 농사를 망칠까 봐 걱정을 한다. 하지만 수확할 때의 기쁨을 생각하며 오래 참으며 고생한 영농의 기쁨을 믿는다.

하나님의 씨 뿌리는 영적 영농은 예수 그리스도의 복음의 씨를 심는 것이다. 악한 문화에 길들여진 불신자들의 굳은 마음 밭을 복음으로 갈 아엎고 말씀의 씨를 심어주는 것이다. 성령 안에서 작은 믿음의 씨가 십자가의 도와 그리스도의 법으로 자라나도록 사랑으로 영농해야 한다. 하나님이 수확을 하실 때 눈물로 씨를 뿌린 성도와 열매 맺는 과실을 함께 영접해주실 것이다.

하나님의 창조 비밀을 엿보게 하는 씨 뿌리는 우주 경영 법칙은 예수 그리스도께서 다시 오시는 날까지 적용된다. 영원한 나라가 오면 예수 그리스도의 세계가 끝나고 그 안에서 진행되어온 하나님의 씨 뿌리는 우주 경영 법칙이 필요 없게 될 것이다. 악이 없고 그리스도의 생명의 빛이 비치고 사랑이 충만할 것이기 때문이다.

창조신학연구원에서는 생물을 주제로 한 하나님의 씨 뿌리는 우주 경영 법칙의 이론을 동물의 세계와 우주의 무수한 별의 운행과 다가올 천국의 비밀에까지 확대하여 연구할 계획이다.

08

하나님을 대적하는 철학과 진화론

우리의 싸우는 무기는 육신에 속한 것이 아니요 오직 어떤 견고한 진도 무너뜨리는 하나님의 능력이라 모든 이론을 무너뜨리며 하나님 아는 것을 대적하여 높아진 것을 다 무너뜨리고 모든 생각을 사로잡아 그리스도에게 복종하게 하니 너희의 복종이 온전하게 될 때에 모든 복종하지 않는 것을 벌하려고 준비하는 중에 있노라(고후 10:4~6).

진화론의 원리

하나님의 창조 섭리의 법을 왜곡시키는 이론에 진화론이 있다. 진화론은 지금 인류의 역사학, 생물학, 유전공학과 가치관과 사상에 지대한 영향을 주고 있다.

하나님의 계시의 말씀과 자연 법칙 아니면 밝힐 수 없는 우주 창조와 섭리를 과학적 이론으로 제시하며 인간의 세계관을 그릇되게 주도하고 있는 진화론은 하나님의 씨 뿌리는 우주 경영 법칙의 반대 이론이기도 하다.

인간의 우주관을 혼란하게 하고 있는 진화론은 의학과 신학을 공부한 영국의 탐험가 찰스 다윈이 학문화시킨 책《종의 기원》으로부터 시작되었다. 진화론은 적자생존, 자연도태, 성적 선택, 약육강식 등을 주요 골자로 생물의 성장을 통해 진화한다고 주장하고 있다.

하지만 세상의 철학과 종교처럼 영이신 하나님의 물리적인 우주 창조와 자연 법칙에 의한 시간·공간과 질서의 심오한 비밀에 대해서는 굳게 입을 다물고 있다. 또 모든 생물들을 속박하고 고통을 주는 선과 악의 존재와 그 종말적 심판의 결과에 대해서는 어떤 운명에 의한 것이라면서 인간의 능력으로는 풀기 어려운 우주적인 문제라고 체념하고 있다. 지금도 진화론은 모든 인간 학문의 근간의 자리를 차지하고 역사, 가치관을 흔들며 군림하고 있다.

진화론은 태초에 물속에 원형질의 극히 작은 박테리아가 수십억 년 분열하며 진화하고 원형 생물이 되었다고 주장한다. 그리고 원형 생물이 어떤 자연 조건 아래서 유기체인 동식물의 모양을 갖추어나가며 발전했다고 말한다. 생명의 근원이 되는 물에 있던 단세포의 작은 미생물이 진화해서 인간이 되었다고 말한다. 또 갓난아이는 스스로의 힘으로 태어나고 살아갈 수 없기 때문에 흘러가는 세월 속에서 신체 기능이 성장하고 생각하는 지능을 갖게 되고 교육을 통해 지혜가 늘어나고 살아가는 능력이 향상된다고 보며 이 과정이 진화하는 것이라고 말한다. 진화하는 과정을 거슬러 올라가면 우수한 씨의 창조도 가능하고 질병의 고통을 해결하고 무한한 수명의 연장을 꿈꿀 수 있다고 말하고 있다.

적자생존의 법칙

적자생존의 법칙에 따르면 생물의 개체 사이에는 차이점이 있고 돌연변이로 진화하는 과정을 밟고 있다. 극심한 생존 경쟁을 겪으면서 험한 환경에 적응하는 강한 자만이 살아남을 수 있다. 한 부모의 씨 뿌림의 과정에서 변형이 생길 수 있다. 자녀가 크기나 외모를 달리해 태어날 수 있다. 사람의 씨(정자)가 생성 과정에서 치열한 생존 경쟁을 벌이고 이를 통해 최후의 승자가 살아남아 빛을 보게 된다. 이런 과정이 오랜 세월 점진적으로 반복되고 쌓여 변화하게 되고 새로운 신체 기관으로 발전하거나 변형을 하고 결국은 새로운 종류로 탈바꿈하게 된다는 원리다. 생존 환경에 적합하지 못한 생물은 도태되고 강하게 적응한 생물만이 남아 씨 뿌리며 생육하는 사명을 다하게 된다고 주장한다.

성적 선택의 법칙

적자생존의 법칙만으로 진화론을 설명하기에는 부족하다고 생각한 다윈은 성적 선택의 법칙을 내놓았다. 한 예로 모든 동물은 보온과 외부로부터의 충격으로 인한 피부의 상처를 보호하기 위해 털이 필요하다. 하지만 인간에게는 털이 적다. 그것은 여자들이 털이 적은 남성을 선택하면서 오랜 동안 남성의 털이 적은 방향으로 길들여져 털이 퇴화했기 때문이라는 가설이다. 또 남성의 정신은 여성보다 우월하여 남성이 여성을 선택하면서 부계 사회가 형성되었다. 이런 진화 과정은 약 3억 년의 역사가 필요했을 것이라고 주장한다.

자연도태와 약육강식

모든 생물은 씨를 많이 생산하고 광범위하게 뿌리고 싶은 유전적인 다산성을 갖고 있다. 하지만 이런 생존 본능의 욕구를 다 수용할 수 없는 것이 자연의 실태다. 불필요한 씨를 도태시키는 법칙이 요구되는데 이것이 자연도태다. 남성의 성적 도전 정신을 억제하는 현상과 같은 것이다.

생육하고 번성하려는 욕구가 강한 생물들을 좁은 지구가 다 수용할 수 없기 때문에 적자생존의 법칙에 의해 강한 자만이 살아남는다. 이때 자연도태와 강한 자가 약한 자를 잡아먹는 일이 발생하는데 이것이 약육강식이다. 자연의 이치는 먹이사슬로 개체의 숫자를 조절한다고 주장한다.

진화론의 허구성

창조신학에 대항하는 진화론은 생물의 씨를 만들고 생존하게 하신 창조주 하나님을 알지 못한다. 생물의 근원은 씨눈으로부터 시작되고 씨의 눈은 어떤 누구로부터 도움을 받고 생겼을 것이라고 말한다. 또 씨눈이 동식물로 자라나려면 빛, 물, 공기, 기후의 도움이 필요하지만 진화론은 그것들을 마련한 자연의 법칙을 설명하지 못하고 있다.

생물들의 살아가는 방법을 통해 진화의 과정을 설명하고 있는 진화론은 생물 안에 심겨져 있는 어떤 비밀스러운 창조와 생육의 작용에 대해서는 설명하지 못한다. 어떤 생물 연구기관에서 성장률이 빠른 초파리를 1,000번 번성시키는 연구를 하면서 초파리의 날개가 커지거나 몸의 형태가 변화시키는 데 성공했다. 하지만 초파리를 다른 곤충으로 변화시키지는 못했다. 그리고 또 변화된 초파리가 그 모양을 유전시키지 못한다는 것을 발견했다.

진화론은 하나님의 창조와 섭리의 비밀을 알지 못하는 어리석은 인간의 생각을 사로잡고 생각과 학문과 세계관의 일부를 지배하고 있다.

종(씨)의 기원은 하나님께 있다. 하나님은 그분의 뜻에 의한 법으로 수많은 피조물이 창조되고 영원히 존재하도록 하셨다. 생물이 진화하거나 변형을 하는 것은 죄악에 의한 일시적인 우주적 현상이다. 지각이 있는 피조물 인간이 우주 창조의 비밀을 알아보고픈 마음은 당연하다. 하지만 그 섭리에 참예하고픈 열망이 진리에서 벗어나면 죄악이 된다. 예수 그리스도의 구원의 은혜로 새로운 하나님의 나라가 임하면 모든 것이 제 모습을 되찾게 될 것이다.

09

참다운 사랑의 법칙

그런즉 네 하나님 여호와를 사랑하여 그가 주신 책무와 법도와 규례와 명령을
항상 지키라(신 11:1).

사랑은 하나님의 속성이다

사랑은 인간이 생존하는 우주적인 해답이다. 인간은 우주 안에 가득한
사랑을 받으며 태어나 사랑 안에서 살다가 사랑으로 돌아가는 생명들
이다. 사람들은 사랑이 있기에 살맛이 나고 사랑을 위해 살아간다고 말
한다. 하지만 사랑이라는 존재는 인간의 연약한 생각과 능력으로 이해
하기 어려운 다양성과 무한성을 가지고 있다. 사랑은 바르게 깨닫고 베
풀고 받아야 한다는 전제조건이 있지만 실천하기는 어려운 동반자다.

사랑이란 과연 무엇인가? 철학, 종교, 수많은 사색을 통해 알려고 노

력해왔지만 시원한 해답을 찾지 못하고 있다. 사람들은 사랑의 본질에 대해 친절, 미소, 착함, 긍정, 슬기, 다정함, 그리워함, 부드러운 말, 달콤한 것들의 친구로서 누룩처럼 이웃에게 번지며 공존하려는 선이라고 생각한다.

그 특성은 창조주 하나님이 죄인인 인간을 불쌍히 여기시고 행복을 주시기 위해 베푸시는 선이다. 그리고 인간들이 서로 아끼고 따뜻하게 보살펴주고 위해주는 포근한 마음이다. 또한, 이성을 좋아하고 따르거나 베푸는 마음도 사랑이다.

사람들은 소중한 사랑을 해보려고 노력하지만 번번이 시행착오를 일으키고 좌절하게 되면서 참다운 사랑의 의미를 찾지 못해 당황하고 있다. 사랑의 중요성을 강조하거나 이야기할 때마다 사랑을 내세우는 사람에게 사랑은 무엇이냐고 물어본다면 태반의 사람들은 선뜻 대답하지 못할 것이다. 사랑은 영의 세계에 속하고 무형이며 만지거나 보관할 수도 없는 감각적인 존재다. 사람들의 마음에서 우러나 주고받으며 몸을 통해 활동할 수 있는 신비로운 존재이기 때문이다.

이 세상에서 사랑을 모르거나 혐오하는 사람은 없다. 가장 좋아하는 낱말을 꼽으라면 서슴지 않고 사랑이라고 대답한다. 사랑은 사람의 마음속에 자리 잡고 긍정적인 생각이나 정감 어린 사랑의 상대를 만나 대화하기를 즐거워하고 감미로운 상상의 날개를 활짝 펴 보이지만 사랑을 무시하거나 싫어하는 사람을 만나면 부끄러워하며 숨는 습성이 있다. 사랑을 찾아 나선 인간의 본성이 만족을 얻지 못하면 사랑은 미완성이라고 넋두리를 늘어놓는다.

인생에서 사랑이라는 말을 제외하면 삶은 오아시스가 없는 험하고 황량한 사막이 되고, 빛이 없는 동굴 속을 헤매며 허공을 향해 메아리치는 고달픈 나그네가 될 것이다. 사람들은 사랑을 찾기 위해 살아가고 그 사랑이 항상 자신 곁에 머물고 있다는 것을 확인하고 싶어 한다. 하지만 사랑은 잡을 수도 멀리할 수도 없는 곳에서 나를 물끄러미 바라보는 존재라고 체념한다.

사랑과 혼동되는 정(情), 인(仁), 애(愛)

> 이는 세상에 있는 모든 것이 육신의 정욕과 안목의 정욕과 이생의 자랑이니 다 아버지께로부터 온 것이 아니요 세상으로부터 온 것이라(요일 2:16).

사랑으로 혼동하게 하는 정(情), 인(仁), 애(愛)가 있다. 이것들은 인간의 감정의 작용으로 사랑과 비슷한 역할을 하고 있다. 철학, 종교, 문화에서도 인정하는 착하고 다정하며 선한 감정이다. 이것들은 인간의 불완전한 감정과 관계를 원만하게 유지시켜주는 윤활유 역할을 충실히 하는 선이다.

철학에서는 정에 대해, 친절하면서 사랑하려는 마음으로서 상대성을 가진 따뜻한 마음이며 육신의 본능의 욕구로 일어나는 애정의 마음이고 정다운 감정적 마음의 작용이라고 말한다.

정, 인, 애는 다양하게 감정을 표현하고 행동으로 나타내는 특성이 있고 종류도 많다.

애정: 남녀 및 자녀 또는 마음에 드는 생물들을 귀엽게 여기고 아끼고 그리워하며 포용하려는 마음.

우정: 친구 간에 상부상조하며 아끼고 좋아하는 마음.

인정: 인간이 본래 가지고 있는 선한 감정이며, 다른 사람을 동정하고 선을 베풀며 따뜻하게 보살펴주는 마음.

부성애·모성애: 씨 뿌리는 생식 본성에 의한 애정. 양육과 보호하는 부모의 책임을 수반하는 마음.

'정'의 자애로운 감정 표현과 처리는 자칫 사랑으로 혼동하게 하는 경우가 있다. 특히 유교 사상에서 나온 '인'이나 '애'는 주는 것보다 받기를 좋아하면서도 인색한 면이 있다. 또 선과 악을 구별하지 않고 활동하는 약점이 있고 거짓된 감정에 놀아나기도 한다. '정'은 사람들을 삶 속에서 얽매어두려는 속성이 있어서 사람들은 "정들어 산다", "정 떨어져 헤어진다", "정 때문에 용서한다", "정이 들어 좋아한다" 등 '정'을 사용해 자신의 감정을 표현한다. '정'은 인간뿐 아니라 꽃이나 애완동물 등 주변에 있는 마음에 드는 것들에도 사용된다. '정'은 동물적인 사랑의 변형된 감정의 모습이다.

일그러진 사랑의 형태

참사랑을 잃은 인간은 어렵게 사랑을 찾으면 혼자 독점하려고 하는 습성이 있다. 선과 악이 교차하는 세상에서 내 사랑을 방어하고 빼앗기지 아니하려는 본능은 사회를 메마르게 한다. 자기 자식과 가족만을 편애하는 버릇은 고약한 왕따 문화를 만들어낸다. 이는 민족이나 인종 차별로 나타나 폭력의 빌미를 주고 있다. 또 자기 방어식 사랑이 지연, 학연, 다양한 계층 간의 단절, 빈부의 격차, 폐쇄적 문화 현상을 빚고 사회 갈등으로 나타난다. 물이 오래 고여 있으면 썩어서 고약한 냄새를 풍기고 유독 가스를 발생시키는 것과 같다. 위선적인 사랑이나 거짓의 탈을 쓴 사랑은 나와 이웃을 멍들게 하고 사회를 어둡게 만든다.

사랑을 팽개치고 거부하며 범죄를 저지르면 감옥에 보내 사랑으로부터 단절시키는 교화 제도는 그 해악이 크다는 것을 알면서도 집행할 수밖에 없는 현실은 인간의 폐쇄적인 사랑의 모습을 반영하고 있다.

또한 사람들은 미숙한 사랑 타령의 노래를 즐겨 부른다. 누구나 일그러진 사랑을 해본 경험이 있기 때문이다. 사랑의 오해와 착각은 인생의 방향을 어긋나게 한다. 하나님께로부터 나오는 사랑을 내가 이웃과 어떤 상황에서 공유하고 있는지 그 실상을 보며 어떠한지 확인해보자.

삼각대형

사람들은 흔히 사랑의 형태를 이성이나 감정에 의지하며 철학의 바탕 위에서 확인하고 납득하려고 한다. 사랑은 독립된 나를 중심으로 출발한 다음 하나님과 이웃과 동등한 위치에서 나누고 분담하며 제 기능을 발휘하는 것으로 생각을 한다. 카메라의 삼각대처럼 한 본체 아래 세 개의 다리가 되어 제자리를 지키면서 조화를 이룰 때 비로소 원하는 사랑의 완성을 이루는 것으로 여긴다. 이런 사랑의 삼각대 발상은 사랑을 하나님과 나와 이웃이 하나씩 나누어 소유하고 있다는 착각에서 나온다. 사랑이 하나님과 이웃을 오가며 교통하고 숙성하면서 행복한 만족으로 변화한다고 보고 있다.

편파적 혼동형

하나님께 경건한 모습으로 기도와 찬양을 하며 한 개의 사랑을 먼저 드리고 그다음 내 몫의 사랑은 내 품위와 안녕을 위해 차지하고 나머지 한 개의 사랑은 아깝지만 체면을 위해 생색을 내며 억지로 이웃에게 내어주는 사랑의 형태를 말한다.

위선자형

교회 예배와 헌금 봉사를 잘 하며 기도를 유창하게 하면서 과중한 직분을 맡은 사람은 하나님과 내 몫의 두 개의 사랑을 어깨를 으쓱대며 하나님께 드리고 자랑스럽게 주위를 둘러본다. 그리고 나머지 한 개의 이웃의 몫은 남은 것이 없어서 어쩔 수 없다는 표정을 지으며 자기 주머니에 슬며시 집어넣고 하나님께 내 사랑까지 다 바쳤으니 삼십 배 육십 배 백 배로 갚아달라며 기도를 드린다.

인색·교만형

어떤 이름이 널리 알려진 부자는 '하나님은 우주의 주인으로서 큰 부자시며 사랑을 만드신 분이시니까 사랑이나 물질은 필요하지 않으실 것'이라고 생각을 한다.

더 큰 부자가 되어야 한다면서 분발하고 있는 그는 하나님께 드려야 할 사랑과 이웃 사랑을 잠시 자신이 보관하고 자신의 사랑과 합하여 가지를 쳐서 큰 사랑을 만든 다음 돌려드리고 나누어주겠다고 말한다. 세 개의 사랑을 몽땅 갖게 된 것은 큰일을 하라고 축복하시는 하나님의 은총이라고 감사한다. 그리고 재물과 사랑이 넘치면 더 큰 사랑으로 되갚을 사람만을 골라 찔끔 나누어주며 자랑한다.

광신·과욕형

오직 하나님의 영광을 위해 산다면서 세 개의 사랑을 다 하나님께 드린다. 자신은 사랑이 남아 있지 않기 때문에 어쩔 수 없이 메마른 심정으로 세상을 등지고 살아간다. 가족들이 사랑으로 품어주려고 해도 수도자와 같이 살려 하다가 사랑을 상실한 아픔을 어찌하지 못하고 결국은 신앙의 방랑자가 되고 만다.

사랑의 결핍 증세

사람들은 사랑이 메말랐다고 아우성치며 비극적 사랑을 갈구한다. 참사랑의 법에서 벗어나면 결핍 증세가 극심해지고 그 몸살의 여파가 사회를 어둡게 한다. 요즘 더욱 심각해지고 있는 사랑의 결핍 원인은 사랑의 산실인 교회가 사랑의 결핍증에 걸려 심각한 몸살을 앓고 있기 때문이다. 하나님의 씨 뿌리는 우주 경영 법칙으로 믿음, 소망, 사랑을 영농해야 할 교회가 말씀과 그리스도의 법을 소홀히 하고 십자가의 도를 외면하고 세속의 진화론적 인본주의에 놀아나고 있는 것이다.

교회가 사랑의 결핍증에 빠지면 세상을 변화시키고 구원할 수 없다. 사랑의 결핍 증세는 다양하고 복잡한 원인에서 발병을 한다. 그 치료 방법은 성령으로 거듭나서 통회의 회개를 해야 한다. 말씀의 처방과 십자가의 보혈로 치료받으며 기도와 찬송의 사랑의 묘약으로 보양을 해야 한다.

악성 결핵균

사랑이 식어갈 때 잽싸게 침투하는 결핵 세균은 전염성이 강하고 교만, 권위, 관료주의, 탐욕의 원인을 제공한다. 특히 교회의 지도자들이 이 병에 걸리기 쉽고 모든 직분자들에게까지 오염시키는 경우가 많다. 사랑을 좀먹는 결핵균을 물리치는 방법은 백혈구(성령 충만)가 활발해야 한다. 백혈구가 저항력(성화의 삶)의 지원을 받고 약물 치료(말씀의 선포)에 힘입으면 완치될 수 있다.

간질환

간(감독, 지도, 감리)은 매우 중요한 기관이다. 예고 없이 생기는 독소(이단의 침투, 질서 파괴)를 성령으로 정화하여 배출해야 한다. 교회 지도층에 지방(황금만능, 관료주의)이 많이 끼면 염증(잠자는 신앙)이 발생한다. 항체 음성(경건성 결여)이 되면 악화될 조짐(분쟁, 나태)을 보인다.

위암

맛난 것을 탐하고 과식하기 쉬운 위장(헌금 관리, 봉사, 새신자 영입, 치리)은 중요한 기관이다. 관리가 부실하면 소화 장애(조화로운 화목)를 일으킨다. 영양분을(성령 충만의 활력소) 공급하는 위장은 두뇌의 지시(목회자)에 순종해야 제 기능을 다할 수 있다. 위장이 식욕(교회 성장 욕구)에 혹사당하거나 미식에 맛들이면 비만에 걸리기 쉽다. 나만 위하는 배불뚝이 교회는 사랑이 식고 변비(헌금의 유용, 무기력증)가 생겨 고통을 받는다.

동맥경화

혈액의 흐름에 이상이 생겨(성도 관리, 헌금 관리, 비정상 목회) 혈관이 굳는 동맥경화증은 육류의 폭식(헌금 강요)으로 콜레스테롤 증가(헌금의 낭비, 성도의 불신)가 원인이 된다. 이 병은 뇌에 큰 영향을 주고 혈관 파열(교회 분쟁, 조직파괴, 쇠락)을 일으키게 한다.

정신질환

머리(목회자, 지도자, 직분자)에 사랑이 메마르고 이상이 생기면 몸이 제 기능을 다할 수 없다. 지도층이 말씀의 표준에서 벗어나면(인본주의, 자만심, 아집) 대수술(교체, 사퇴)을 받아야 한다. 특히 과대망상증(적그리스도, 이단)이나 정신착란증(광신, 세대주의 종말론)은 고치기 어려워 타격도 크다. 순진한 성도가 몸살(시험)에 걸리지 않도록 예방주사(말씀 양육, 기도)를 놔주어야 한다.

심장병

교회의 심장부(당회, 제직회)는 중요한 기관이다. 심장은 몸(교회)에 생명의 요소인 혈액(관리 감독)을 공급해주고 각 지체(구역, 선교회)가 제 구실을 하도록 도와주어야 한다. 정확한 맥박(목회)을 유지해야 한다.

입, 목, 복부, 눈, 귀

입(설교)에서 나오는 말이 사랑을 무시하면 마음에 상처를 주고 입으로 들어가는 선악을 가리지 않는 음식은 질병의 원인이 된다.

　목이 굳어지면(권위주의, 독선) 사랑이 멀리 달아난다. 뱃심(교회 중추기관)이 강하고 잘난 척하면 교만한 마음이 생기고 배불뚝이(성장, 물질만능주의)가 되면 걸음(전도, 봉사)을 걷지 못하게 된다. 눈은 빛을 받아들이고 사랑을 말없이 전달하며 진리를 바라보는 중요한 기관이다. 눈이 색맹(기회주의자)이 되거나 황금에 어두워지면(탐욕) 우주 안에 가득한 사랑을 볼 수 없다.

귀는 선한 소리(사랑), 생명의 소리(복음)와 함께 세상 소리(거짓된 악한 속삭임)를 듣는다. 귀의 약점은 좋은 소리(말씀, 긍정)보다 나쁜 소리(부정, 중상모략, 아부, 달콤한 소리, 이단이나 우상의 꾐)를 듣기 좋아한다.

사랑의 혼동

철학적인 심성을 가진 인간은 종교를 통해 사랑을 찾고 생명의 해답을 발견하려고 한다. 기독교는 창조주 하나님의 사랑과 믿음으로 의롭게 되어 구원받는다고 믿는다. 불교는 불타의 자비와 철학적 생명의 윤회와 선하게 살면 극락에 간다고 믿는다. 유교는 어질고 인자한 마음과 도덕적이며 예의 바른 삶으로 승화한다고 믿는다. 이슬람교는 창시자 마호메트를 추종하며 경전인 코란의 가르침에 복종하고 알라신을 믿지 않는 사람을 배척하고 자기만의 신앙생활에 충실할 것을 다짐한다.

사랑이 무엇이며 어떻게 행하는 것이 진리인가 바르게 가르쳐주는 종교는 오직 기독교뿐이다. 기독교는 이 세상을 사랑하사 독생자를 주시고 십자가 위에서 속죄하여 죄인을 구원하시고 천국을 예비하시고 기다리시는 하나님을 믿는 참사랑을 확인시켜준다. 자연 법칙 안에서 나타내 보이는 사랑과 성경 말씀으로 참사랑을 깨닫게 하고 실천하는 방법을 교훈해주고 있다.

사랑의 채찍질, 징계

주께서 그 사랑하시는 자를 징계하시고 그가 받아들이시는 아들마다 채찍질하심이라 하였으니 너희가 참음은 징계를 받기 위함이라 하나님이 아들과 같이 너희를 대우하시나니 어찌 아버지가 징계하지 않는 아들이 있으리요 징계는 다 받는 것이거늘 너희에게 없으면 사생자요 친아들이 아니니라 (히 12:6~8).

성경은 하나님은 사랑하는 아들들에게 영원한 생명과 복을 주시기 위해 사랑의 매를 들고 징계를 하신다고 밝히고 있다. "우리 육신의 아버지가 우리를 징계해도 공경하였거든 하물며 모든 영의 아버지께 더욱 복종하여 살려 하지 않겠느냐"(히 12:9)고 하시며 하나님의 거룩하심에 참예하라고 충고한다. 죄로 인해 사랑을 잃어버리고 불법이 판치고 있는 우주 안에서 사랑을 찾아 헤매던 우리를 위해 그리스도께서 대속의 징계를 받아 진리로 구원하시는 법을 선포하시고 사랑을 회복해주신 것을 믿고 따르라고 명령하고 있다. 하나님의 뜻에 의한 사랑의 채찍은 의와 평강의 열매를 맺게 하는 축복이기 때문이다.

사랑의 영농을 위한 교훈

사랑은 오래 참고 사랑은 온유하며 시기하지 아니하며 사랑은 자랑하지 아니하며 교만하지 아니하며 무례히 행하지 아니하며 자기의 유익을 구하지 아니하며 성내지 아니하며 악한 것을 생각하지 아니하며 불의를 기뻐하지 아니하며 진리와 함께 기뻐하고 모든 것을 참으며 모든 것을 믿으며 모든 것을 바라며 모든 것을 견디느니라(고전 13:4~7).

우리는 사랑을 온전히 알고 사랑의 법을 제대로 행할 수 없는 연약한 존재다. 사랑은 생명의 통로이고 삶의 참모습을 찾는 방법이기 때문이다.

하나님의 씨 뿌리는 우주 경영 법칙은 사랑을 심고 가꾸고 수확하는 영농 과정을 설명해주고 있지만 사랑의 영농은 결코 쉽지 않다. 사랑을 하려다가 좌절하는 사람이 많다. 성경은 사랑의 행함의 중요성을 강조하고 잘 감당하라고 격려하고 있다. "성령으로 방언을 하고 천사의 말을 할지라도 사랑이 없으면 소리 나는 구리와 울리는 꽹과리가 되고 또 예언의 복음을 아는 능력이 있고 하나님의 창조 섭리의 비밀을 알고 많은 세상 지식과 멋진 믿음을 가졌다고 해도 사랑이 없으면 아무것도 아니다"라고 충고하고 있다. 사랑을 영농하는 인간이 그 삶을 사랑으로 충만케 하려 할 때 어려움을 극복하고 잘 감당할 수 있는 방법을 제시해주고 있다.

사랑은 오래 참고

사랑은 인내하고 기다리는 것이다. 신중하고 좀처럼 화를 내지 않고 선을 행할 준비를 한다. 어떤 성도가 차를 타고 도로 확장 공사가 한창인 울퉁불퉁한 나쁜 길을 달리고 있었다. 공사 끝부분에 오자 "공사 끝, 참아주셔서 감사합니다"라는 푯말을 발견했다. 그러자 그 성도는 "죄악이 가득한 세상을 오래 참아주신 사랑의 하나님 감사합니다"라고 기도했다고 한다. 성도들은 천국에 들어갈 때까지 수많은 고난과 갈등, 핍박과 시험의 폭풍우가 몰아치는 세상을 오래 참는 믿음으로 이겨야 한다.

사랑은 온유하며

사랑은 친절하고 선을 베풀기를 좋아하는 마음이 저절로 우러나게 한다. 모욕을 받았을 때 참을 뿐만 아니라 용서하는 아량을 발휘한다. 온유함은 자신을 사랑으로 다스리는 기술이다. 성령의 집에 큰 아들 사랑과 그 아래 희락, 화평, 오래 참음, 자비, 양선, 충성, 온유, 절제 이렇게 아홉 형제가 살고 있었다. 제각기 성격과 개성은 달랐지만 성령의 열매인 아들 역할을 잘 하고 있었다. 어느 날 온유가 성령 아버지께 "나는 누구입니까"라고 질문했다. 성령께서는 "너는 형들이 하는 대로 따라하고 무엇이든지 마지막에 하거라. 그러면 네 존재를 알게 될 것이다. 하지만 네 동생 절제에게는 절대로 져서는 안 된다. 절제는 네가 없으면 존재할 수 없으나 절제의 성격은 배척하거라. 왜냐하면 온유에게 절제란 있을 수 없기 때문이다"라고 말했다. 인간은 지정의로 세상을 다스리기는 쉬워도 자신을 다스리기는 점점 더 어려워지고 있다.

시기하지 아니하며

시기, 질투라는 말에는 증오와 함께 경쟁의식이 포함되어 있다. 우리 속담에 "사촌이 땅을 사면 배가 아프다"는 말이 있다. 인간 최초의 살인 사건은 형 가인이 질투로 동생 아벨을 죽인 사건이다. 그리스의 신화에서 가장 무서운 괴물은 '메두사'다.

고르곤의 세 자매 중 막내였던 '메두사'는 괴물이 되기 전 아름다운 여인이었을 때 바다의 신 포세이돈을 사랑했다. 하지만 아테나가 포세이돈을 사랑하게 되었고, 질투로 메두사의 얼굴을 끔찍한 모습으로 만들었다. 저주받은 메두사의 금발 머리카락은 뱀이 되어 꿈틀거리고 얼굴은 사람들의 심장을 멈추게 할 정도로 무섭게 변해버렸다. 그리고 그의 얼굴을 보는 사람들은 그 자리에서 돌로 변하는 저주를 받았다.

교만하지 아니하며

사랑은 우쭐대지 않고 겸손하게 아름다운 향기를 풍긴다. 어떤 사슴이 샘물에 비친 자신의 모습을 보고 '어쩜 내 뿔은 이렇게 크고 아름다울까' 하고 감탄을 하며 자기 과시를 하고픈 마음이 생겼다. 그러다 몸에 붙은 가느다란 다리를 보자 참 볼품이 없고 창피한 생각이 들었다. 그때 사냥꾼의 총소리와 사나운 사냥개들이 짖는 소리가 들렸다. 놀란 사슴은 힘찬 다리로 도망치면서 볼품없던 다리가 나를 살려주는구나 하고 생각했다. 그 순간 사슴은 나뭇가지에 뿔이 걸려 꼼짝하지 못하게 되었다. 사슴은 냄새를 맡고 달려온 사냥개에게 물려 죽고 말았다.

어떤 사람이 자기가 잘났다는 것을 자랑하려고 큰소리쳤다. "바다는 깊다. 그러나 지옥은 더 깊다. 그리고 사람들의 교만은 더 깊다. 그런데 이 보다 더 깊은 것은 나의 교만이다." 하지만 그 사람의 기고만장한 교만도 죽음 앞에서는 무력했고 원망만 남았다.

무례히 행하지 아니하며

수치를 당하지 않고 살려면 내가 먼저 무례히 행하지 말아야 한다. 사람에게 도덕, 예의, 규범 등 행동을 감시하는 법이 없으면 세상은 선한 질서가 무너지고 범죄가 늘어날 것이다. 인간관계는 만남에서 시작되고 예절로 유지된다. 예절에는 정도가 없다. 상대와 때와 장소에 따라 변할 수 없는 규범이기 때문이다. 사람이 예절을 버리면 무례가 되지만 예절을 다 익히고 행하기에는 너무도 연약하다. 죄악의 삶에 깊이 빠져 있기 때문이다. 생활이 넉넉해야 예절을 지키고 영예와 치욕을 알게 된다고도 하지만 성경은 그런 인간의 처지를 초월한 사랑으로 예절을 지키라고 말한다.

자기의 유익을 구하지 아니하며

인간은 자기 유익을 탐하는 습성에 젖어 있다. 재물과 명예로 치장을 하고 이름을 빛내보려고 노력한다. 세상이 다 자기 유익을 위해 살고 있는데 나만 빠질 수 있느냐고 생각한다. 아프리카 강가에 사는 악어는 입을 크게 벌리면 악어새가 들어가 이빨 사이에 낀 음식 찌꺼기를 말끔히 먹어치우며 청소를 해준다. 상부상조는 아름다운 미덕이며 삶의 윤활유다. 미국의 켄터키 치킨은 샌더스라는 사람이 닭고기 요리점을 하면서 마을 사람들에게 어떻게 하면 더 맛난 닭고기를 먹게 할 수 있을까 를 고민하다 개발한 것이라고 한다. 남을 배려하는 마음이 사랑으로 나타나면 더 큰 사랑의 꽃을 피운다.

성내지 아니하며

사람이 성낸다는 것은 자기의 감정을 잘 처리하지 못하는 미숙에서 나오는 반사 작용이다. 사소한 일에 화를 잘 내고 성질을 부리는 사람은 아무리 학식이 풍부하고 지위가 높고 재산이 많아도 주변의 사람들을 실망시킨다. 사막에 사는 방울뱀은 공격을 받아 쫓기거나 궁지에 몰리거나 몹시 화나는 일이 생기면 자기 몸을 물어뜯는다고 한다. 이런 행위는 남에게 증오심이나 원한이 있는 사람이 체험하는 나쁜 버릇이다. 이는 남을 향해 원한을 뿜어내고 성내는 것처럼 보이지만 자기 자신을 향하여 타격을 가하고 있는 것이다.

악한 것을 생각하지 아니하며

악한 마귀의 간계에 놀아나고 있는 인간의 마음에는 악한 생각이 내주하면서 그것을 행동으로 나타내는 일에 익숙하다. 인간은 탐욕, 음란, 향락, 이기심이 깔린 지옥 같은 숲을 법의 지팡이를 잡고 헤매는 나그네와 같다. 악한 정욕과 이생의 자랑에서 벗어나려는 양심이 큰 도움이 되고 있지만 악의 늪에서 벗어나기 어렵다.

젊어서는 정욕에 놀아나기 쉽고 중년에는 재물에 눈독을 들이기 쉽고 늙어서는 명예욕에 불타기 쉽다고 한다. "시험에 들게 하지 마시고"라는 기도가 필요하다.

불의를 기뻐하지 아니하며

인간의 마음 바닥에는 선의 흔적이 남아 있으나 무시로 침범하는 악의 공격 앞에 무너지기 쉽다. 가끔 깨어나는 양심과 의로운 마음이 불의와 맞서 싸우고 있지만 위선적일 때가 많다. 소를 신성시하는 인도의 일부 지역 사람은 소를 잡아먹는 것을 죄악으로 생각하고, 세이론 사람들은 뱀을 영물로 보고 보호하며 이를 의로 여긴다. 독일의 독재자 히틀러는 독일 민족의 우수한 혈통을 지키기 위해 혈통을 중요시하는 유대인을 멸종시키는 것이 의롭다고 생각했다. 불의와 의는 백지장의 앞과 뒤와 같다. 이를 판가름하는 것은 사랑이다. 그리스도의 진리의 도와 성령의 법을 기뻐해야 한다.

모든 것을 참으며

사랑은 모든 성가신 일과 많은 고통을 참게 해준다. 기독교 박해에 지친 어떤 수도자가 큰 떡갈나무 아래서 울부짖으며 기도하고 있었다. 이를 본 선배 성직자가 "여보게 하나님 나라는 지금 자네가 붙잡고 있는 떡갈나무가 성장해온 것처럼 오랜 세월이 필요했었다네. 이 나무가 처음 싹을 냈을 때는 양분을 빼앗아 먹는 잡초와 햇빛을 가리는 가시덤불에 시달렸고, 자라면서는 폭풍우와 우박에 맞고 가뭄에 고통받았지. 또 추위와 더위에 지칠 때도 있었네. 이런 수많은 시련을 참고 견디며 지금은 구름을 일 듯한 큰 나무로 자랄 수 있었다네"라고 위로했다.

모든 것을 믿으며

우주 안에 피조된 작은 존재인 인간이 하나님의 천지 창조와 그 역사의 섭리하심을 진리로 믿는 것은 당연한 도리다. 이는 내가 누구인가 확인하는 유일한 방법이기도 하다. 자연 법칙과 성경의 계시를 통해 깨닫게 하시는 사랑과 은혜에 감사해야 한다. 이 세상에는 거짓과 기만이 선의 탈을 쓰고 유혹하고 있다. 사람들은 진리를 역설적으로 보려고 하고, 믿음을 선별하려고 한다. 성경은 "믿음은 바라는 것들의 실상이요 보이지 않는 것들의 증거"(히 11:1)라고 알려준다. 하나님의 사랑과 그리스도의 구원의 은혜와 성령의 교훈과 보호하심을 믿는 것은 생명을 얻는 것이기 때문이다.

모든 것을 바라며 모든 것을 견디느니라

사랑은 최상의 것을 바라보게 한다. 의롭고 긍정적인 믿음과 진리를 소망하며 생명의 사랑을 얻게 한다. 탕자에서 아들로 돌아가는 길은 험할 수밖에 없다. 오래 참고 기다리시는 아버지를 바라는 아들은 그날까지 모든 것을 바라며 견뎌내야 한다. 미국 건국의 주체가 된 청교도들은 영국에서 정치·종교적 박해를 받자 배를 타고 험한 바다를 건너 미국 대륙을 찾았다. 토착 인디언을 포용하며 새 나라를 건설하는 역사는 정말 힘들고 어려운 일이었다. 이들은 믿음으로 바라며 견뎌야 하는 일을 통해 세계 선교의 도구가 되어 하나님께 영광을 드렸다.

농부 하나님의 참다운 사랑

> 그런즉 믿음, 소망, 사랑 이 세 가지는 항상 있을 것인데 그중의 제일은 사랑이라 (고전 13:13).

믿음, 소망, 사랑은 삼위일체 하나님께서 이 세상을 농사짓는 과정을 설명하고 있다. 믿음의 밭을 조성하고 믿음의 씨앗을 뿌리고 새싹을 돋게 해야 한다. 그다음 소망으로 영농 준비를 하고, 잘 가꾸며 꽃이 피도록 해야 한다. 그리고 사랑의 향기를 풍기고, 사랑의 열매를 맺고 수확해야 한다. 행함으로 나타내는 믿음이 없이는 소망으로 나아갈 수 없다. 확실한 소망이 없는 사랑은 울리는 꽹과리가 되고 실속이 없는 영농이 될 것이다. 진실한 믿음과 소망으로 영농을 해야 참다운 사랑에 이르고 성령의 열매를 맺어 하나님께 드릴 수 있다.

성경은 사람이 믿음이 있노라 하고 행함이 없고 소망이 있다 하면서도 불확실한 것을 바라면 무슨 유익이 있느냐고 질문을 한다.

영혼 없는 몸이 죽은 것 같이 행함이 없는 믿음은 죽은 것이니라(약 2:26).

성경은 말하기를 "너는 믿음이 있고 나는 행함이 있으니 행함이 없는 네 믿음을 내게 보이라 나는 행함으로 내 믿음을 네게 보이리라"(약 2:18)라고 충고한다.

행하는 믿음은 소망 가운데서 나타나 온전하게 되고 참사랑을 이루게 한다. 이 세상에서 사람들이 믿고 의지했던 재물과 명예는 다 종말을 맞이해도 사랑은 영원한 창조의 완성을 위해 있을 것이기 때문이다. 하지만 사람들은 지금은 진실한 사랑의 결국을 알 수 없고 말씀을 통해 희미하게 믿을 수 있을 뿐이라고 말한다. 성경은 우주 만물이 하나님께로부터 나와서 하나님께로 돌아가는 신비한 역사로 말미암아 예수 그리스도께서 다시 오시고 성도를 천국으로 영접하실 날 온전히 알게 되고 그 사랑의 기쁨 안에서 살게 될 것이라고 설명하고 있다. 이는 세상 법으로 알 수 없는 신비한 하나님의 생명과 성령의 영원한 법 안에서 살게 되는 것을 깨닫게 한다.

하나님의 온전하신 뜻에 의해 만들어진 참다운 사랑은 율법이며 꼭 지켜야 할 계명이다. 하나님의 사랑은 진리의 해답이며 신비하고 광활한 우주의 실상을 나타내는 법칙이다. 우주에 있는 모든 것이 사랑의 산물이며 그 결국이 사랑이다. 자연 질서 안에 사랑의 참모습이 있고 인간 구원의 법이 사랑으로 나타났다.

피조물인 인간이 우주 안에 충만한 사랑을 이해하고 행하기는 쉽지 않다. 더구나 영이 잠자는 상태에 있는 인간은 사랑의 변두리에서 방황할 수밖에 없다. 인간들은 우주를 향해 사랑아 어디 있느냐 하고 소리처도 그리스도께서 다시 오실 그날까지 미완성인 사랑의 메아리만 듣게 될 것이다. 하나님의 사랑은 예수 그리스도의 세계 안에서 하나님의 씨 뿌리는 우주 경영 법칙에 따라 작은 겨자씨가 새들이 깃드는 큰 나무로 자라는 것처럼 영농되어야 하기 때문이다.

10

법은 문화의 다정한 친구

사람이 하나님의 주신바 그 일평생에 먹고 마시며 해 아래서 수고하는 모든 수
고 중에서 낙을 누리는 것이 선하고 아름다움을 내가 보았나니 이것이 그의 분
복이로다 어떤 사람에게든지 하나님이 재물과 부요를 주사 능히 누리게 하시며
분복을 받아 수고함으로 즐거워하게 하신 것은 하나님의 선물이라 (전
5:18~19).

'경작' 에서 파생된 문화의 어원

법의 숲에는 역사를 통해 전통을 자랑하는 문화가 깔려 있다. 인간은
수많은 문화와 친구가 되는 법과 교제하며 삶의 목적지를 찾아가는 나
그네다.

인류의 정신적 가치로 얻는 소산이 문화다. 법적 지위로 얻는 물질적,

기술적, 산업적, 정치적 소산은 문명이라고 말한다. 그러므로 문화는 전진하는 문명에 힘입어 역사 속에 나타나는 인간 사회생활의 모습이며 형상이라고 할 수 있다.

인간은 삶의 모습을 문화의 그릇에 담아 버무리면서 문화 갈등을 법으로 조정하고 그 문화를 먹으며 살아가는 문화적인 동물이다. 문화는 가족, 부족, 민족, 나라를 단위로 그 나름대로의 요구를 통해 형성되어 전통성을 지니고 시대의 흐름, 생활의 향상과 변동을 조절하는 법을 따라 발전하고 있다. 다른 문화와의 동질을 강요하는 고약한 버릇이 있지만 이 갈등을 법적 권위로 해결하려고 한다.

인간은 문화 밖에서 살 수 없는 반면 어떤 사람은 여러 개의 문화를 향유하며 살아갈 수 있다. 문화는 전진하는 역사 안에서 인간의 삶의 질을 향상시키는 광범위한 대중성을 갖고 있다. 인간은 자신을 둘러싸고 있는 자연과 함께 삶의 친구인 문화에 자신을 맡기고 살아간다.

인간이 살아가는 다양한 모습을 나타내는 문화에는 인간 내면에 깃든 생사화복의 우주적인 문제와 창조주 하나님을 찾아가려는 종교적 몸부림, 잘 살고픈 바람과 그에 대한 철학, 과학의 고민을 해결하려는 노력과 삶의 본질을 찾으려는 예술적 활동이 담겨 있다.

문화는 사상을 먹고 자라고 역사는 법을 통해 문화를 발전시킨다. 문화의 모습은 농사를 짓는 것과 비슷하다. 인간 사회가 문화가 형성될 밭을 만들면 사람들은 다양한 문화의 씨를 심고 열심히 가꾸고 문화의 열매를 수확하려고 노력한다. 이 모습을 하나님의 씨 뿌리는 우주 경영 법칙이 설명해준다.

문화라고 하는 말은 라틴어의 '쿨투라(Cultura)'에 어원을 두고 있다.

종교 의식과 행위 및 농경지의 경작, 파종, 수확이라는 두 가지 뜻을 가지고 있다.

정신적인 면과 물질적인 요소를 내포하고 있는 문화는 무능한 인간들이 창조주 하나님을 찾아 경배하고픈 종교심에 뿌리를 두고 있다. 영농의 원리처럼 생활의 모양과 질을 향상시키려는 욕구에서 나오는 삶의 현상을 담고 있다.

인간의 문화는 태초 에덴동산에서 시작되었다. 첫 사람 아담은 문화적인 능력을 지녔지만 마귀의 간계로 타락하고 쫓겨났다. 그 후 인간들은 잠재된 문화의 능력을 회복하려고 노력하며 다양한 문화를 연출하며 인간 역사를 엮어가고 있다. 인간 문화의 뿌리는 기독교 문화이며 교회는 문화의 산실이다. 예수 그리스도의 법 안에 있는 세계가 인간 문화의 현장이다. 인간 문화의 종착점은 예수 그리스도 심판대 앞이다.

궁극적으로는 악에 깊이 물든 인간 문화는 하나님 나라가 회복되는 그리스도의 심판 날에 모두 사라지고 말 것이다. 인간의 문화는 하나님 문화로 돌아가려는 몸부림을 기초로 하고 있으며 그 모습은 영적 싸움으로 나타나고 있기 때문이다. 인간들은 자신의 문화가 악한 마귀의 계책에서 나오고 더욱 악한 문화로 치달아 인간을 멸망시키려 한다는 것을 알고 도덕, 법률, 종교, 철학 등을 통해 막연하게나마 옳은 길로 나아가도록 노력해왔다. 하지만 별 효과를 얻지 못하고 우주 안을 방황하면서 종교에 뿌리를 둔 문화를 형성해왔다. 악을 바탕으로 생존하는 세상 문화는 그리스도의 문화와 치열한 전쟁을 벌이며 종말의 그날을 향해 달려가고 있다.

하나님의 형상을 닮은 인간이 영·혼·육의 노력으로 만들어내는 문화는 영과 혼의 정신문화와 육적 물질문화의 세계를 오가며 다양한 모습을 나타내 보이고 있다.

인간의 문화는 종류도 다양하다. 먼저 창조주 하나님을 믿는 종교 무리의 문화(교회 문화: 예배, 찬양, 기도, 전도, 봉사, 헌금, 목회, 신학)와 우상 숭배 문화(가톨릭, 유교, 이슬람, 힌두교, 불교 및 여러 민족의 토속신앙)로 나눌 수 있다. 그리고 역사 문화, 첨단 과학 문화, 예술 문화, 청소년 문화, 오락 문화, 농경 문화, 도시 문화, 건축 문화, 음식 문화, 의상 문화, 경제 문화, 정치 문화, 학교 문화, 군사 문화 등이 큰 흐름을 이루고 있다. 민족 국가 문화 아래 사회집단이 다시 다양한 작은 문화들을 형성해나가고 있다.

문화는 어떤 환경이나 조건 아래서 형성되었든지 일단 형성된 다음에는 다른 문화와 연합이나 동질화를 하지 않으려는 속성을 지니고 있다. 문화 형성의 기초가 되는 가정 문화의 경우 무리의 법칙과 소유욕으로 인해 문화의 동질화가 쉽지 않다. 각기 자기 집안의 문화에 길들여진 아집과 개성의 갈등으로 부부싸움을 벌인다. 이처럼 영과 육의 옷을 입은 문화는 항상 우월한 자리에 오르려고 영적 법을 위한 싸움을 벌이고 있다.

철학적 인간 문화의 실상

사람이 해 아래에서 행하는 모든 수고와 마음에 애쓰는 것이 무슨 소득이 있으랴 일평생에 근심하며 수고하는 것이 슬픔뿐이라 그의 마음이 밤에도 쉬지 못하나니 이것도 헛되도다 사람이 먹고 마시며 수고하는 것보다 그의 마음을 더 기쁘게 하는 것은 없나니 내가 이것도 본즉 하나님의 손에서 나오는 것이로다(전 2:22~24).

생육하고 번성하며 땅을 정복하려는 인간의 욕구가 분출되어 형성되는 문화는 사상, 철학, 과학과 정신문명을 발전시키고 정치와 경제를 좌우하면서 탐욕, 갈등, 분쟁을 통한 각종 범죄를 양산하고 수많은 법을 만들어내고 있다.

인간은 자신이 형성한 문화를 통해 생존에 필요한 생각과 행동을 표현하면서 다른 문화를 통합하려는 욕망을 가졌다.

단일민족에 하나의 언어와 문자를 사용하면서도 지역감정이나 씨족 갈등을 일으키며 대립하기도 한다. 이는 고질적인 문화적 배타성에서 나오는 것이다. 문화적 배타성은 혈연, 학연, 지연 등 계층 간의 문화를 만들어 문화의 단층을 형성하기도 한다. 직장, 사업 등에서 이윤 추구, 체면 유지 등 자기 유익을 위한 문화 집단을 이루고, 권력과 삶의 질을 계층별로 나누는 구획된 문화를 창출해내고 있다.

문화의 속성

문화는 선과 악, 두 얼굴을 갖고 있다. 인간의 마음에 공존하는 선과 악이 법적 싸움판을 벌이고 그 토대 위에서 문화를 형성하고 있다. 이는 종교적이고 사회적인 인간은 자신의 문화를 향유하는 범위를 넘어 다른 사람의 문화를 접촉하면서 곧장 침투하려는 속성으로 드러난다. 우리가 문화의 속성을 바르게 알면 멋진 문화생활을 향유할 수 있을 것이다. 하나님의 씨 뿌리는 우주 경영 법칙은 인간 문화의 결국에 대한 알곡과 가라지를 영농하는 복잡한 문화의 속성을 이해하기 쉽게 도와준다.

문화의 사회적 속성

문화는 인간에 의해 발생하고 일정한 틀 속에서 형성된다. 사람들의 삶의 모습에서뿐만 아니라 무리의 법칙에 의한 사회적인 관계에서도 유기적인 생활의 형태로 표현되고 사람들의 상호작용, 삶의 필요, 질서를 위한 사회적 속성을 갖고 있다. 집단 안에서 개성을 가진 사람들이 공유하고 있는 가치관, 신념, 관습이 문화와 예술로 표현되고 다듬어지고 행동에 영향을 준다.

문화의 정신적 속성

사회적 속성은 개성이 모인 사회라는 큰 틀 안에서 정신적·물질적인 가치와 깊은 관계를 갖고 종교, 철학, 과학, 예술, 산업들과 함께 활동하기를 즐기고 있다.

문화는 물질에 의해 규정되거나 형성되지 않고 인간의 정신적인 면에 의해 형성된다. 인간 정신의 바탕 위에 형성된 욕구를 농경 활동, 신앙, 산업 들과 연계하여 동기를 부여하고 행동을 자극하며 문화 형성의 목적을 유발한다. 그리고 문화의 질을 규정하고 방향을 정해주고 철학을 통해 종교화되고 인간을 예속화하려고 하기도 한다.

문화의 시간적 속성

문화의 형성은 현재적인 것이지만 과거의 토대 위에서 미래를 의식하며 달려가고 있다. 문화 현장의 중요성을 인식하면서 역사라는 시간의 흐름에 맡기는 속성이 있다. 하지만 그것을 형성하는 시간의 작용을 고려해 세대의 차이를 드러내기도 한다. 정보 매체와 교통의 발달로 시간적 문화 교류의 속도가 빨라지고 있지만 그 유혹에도 전통을 잡고 안주하려는 속성이 있다.

문화의 종교적 타락 속성

종교를 알지 못하고는 문화를 이해할 수 없다. 잘 먹고 오래 살려는 사람의 욕구로 종교가 생겨나고 발달하고 꽃을 피워왔기 때문이다. 다양한 종교 문화는 갈등의 씨앗이 되어 빈번하게 충돌을 일으키고 이는 서로 말살하려는 전쟁을 서슴지 않게 만들고 있다. 세상의 많은 분쟁과 전쟁은 사상과 정치적 이념 차이에서 발생하고 있는 것처럼 보이지만 그 밑바닥에는 종교가 자리 잡고 있다. 문화가 다양해지고 삶이 향상될수록 종교가 문화를 지배하는 힘이 증가하고 선과 악, 진리와 거짓, 미움과 사랑의 편 가르기인 법 다툼이 치열해질 것이다.

악하게 흘러가는 세상 안에서 형성되는 인간 문화는 결코 죄의 성질을 벗어나지 못한다. 어느 민족이나 국가 문화의 대부분은 종교의 요구를 기초로 형성되고 있다. 어떤 문화는 처음부터 마귀의 지배적인 발상과 그 반응에 의해 만들어지고 있다. 성경은 문화를 입고 먹으며 사는 인간의 모습에 대해 "기록된 바 의인은 없나니 하나도 없으며 깨닫는 자도 없고 하나님을 찾는 자도 없고 다 치우쳐 함께 무익하게 되고 선을 행하는 자는 없나니 하나도 없도다 그들의 목구멍은 열린 무덤이요 그 입에는 저주와 악독이 가득하고 그 발은 피 흘리는 데 빠른지라 파멸과 고생이 그 길에 있어 평강의 길을 알지 못하였고 그들의 눈앞에 하나님을 두려워함이 없느니라"(롬 3:10~18)고 지적하고 율법의 통제 아래 심판을 받아야 한다고 설명하고 있다. 선한 문화가 악한 문화에 알게 모르게 전염되어 타락하는 경우가 많다. 법적 병충해 방지, 속아내기, 가지치기의 영농 방법의 적용을 받아 자연도태가 되기도 한다.

> 너희는 유혹의 욕심을 따라 썩어져 가는 구습을 따르는 옛 사람을 벗어 버리고 오직 너희의 심령이 새롭게 되어 하나님을 따라 의와 진리의 거룩함으로 지으심을 받은 새 사람을 입으라(엡 4:22~24).

흘러가는 문화를 붙잡고 늘어지거나 낡아가는 문화유산에 마음을 빼앗기고 살기에는 역사의 흐름이 너무 빠르다. 성경은 하나님의 법에 따라 새로운 날이 다가오는 시공의 법을 깨닫게 한다. 잠시 지나가는 나그네 인간의 문화는 하나님의 씨 뿌리는 우주 경영 법칙의 적용을 받아 내 생전에만 필요한 역사의 흔적이기 때문이다. 예수 그리스도께서 다시 오셔서 새 하나님 나라를 열어주시는 영광의 날에는 모두 사라져버리고 말 이 세상의 문화 안에서 참다운 문화로의 적응 훈련을 잘 해야 한다. 죄악에 찌든 구습의 문화에서 벗어나지 못하고 버림받은 사람들은 지옥 형벌의 문화에 던져질 것이기 때문이다.

인간 문화의 뿌리 성경 말씀

> 하나님의 말씀은 살았고 운동력이 있어 좌우에 날선 어떤 검보다도 예리하여 혼과 영과 및 관절과 골수를 찔러 쪼개기까지 하며 또 마음의 생각과 뜻을 감찰하나니(히 4:12).

인간들이 형성하고 있는 문화의 뿌리는 하나님의 말씀이다. 영이신 하나님의 말씀은 창조 섭리의 법이다. 하나님의 형상과 모양대로 생각하고 행동하게 하신 법을 지키며 엮어가는 삶의 모습이 문화로 드러나고 있는 것이다. 하나님의 말씀이 우주라는 현상을 만들고 인간 문화로 발전한 것이다. 이 과정이 문화를 통해 진화해나가는 것처럼 보이지만 사실은 하나님의 창조의 법에 따라 나타나고 있는 우주의 참모습이다. 말씀이 씨앗이 되어 다듬어나가는 역사가 문화의 옷을 입은 것이다.

말씀은 그리스도의 복음으로 생명을 구원하는 하나님의 능력이다. 이는 생사화복을 선택하라 하신 율법을 믿고 실행하게 하시는 우주적인 명령이며 믿음의 본질이다.

문화는 인간이 만들어나가는 것처럼 보이지만 하나님의 섭리로 형성되고 있으며 그리스도의 때가 차면 안개처럼 사라지는 역사의 흔적이다. 인간의 범죄로 하나님의 진리에서 벗어나 공중 권세를 잡은 마귀가 조종하며 탐욕스럽게 부추기고 있는 것이 문화이기 때문이다. 지금은 죄로 오염된 문화의 늪에서 헤쳐 나와야 할 때다. 그리스도의 법에 따라 복음으로 문화를 선하게 변화시키고 심판하실 주 예수 그리스도를 고대해야 한다.

진리와 생명의 참다운 문화

모든 정사와 권세와 능력과 주관하는 자와 이 세상뿐 아니라 오는 세상에 일컫는 모든 이름 위에 뛰어나게 하시고 또 만물을 그 발 아래 복종하게 하시고 그를 만물 위에 교회의 머리로 주셨느니라 교회는 그의 몸이니 만물 안에서 만물을 충만케 하시는 자의 충만이니라(엡 1:21~23).

종교(신앙)와 문화는 실과 바늘 또는 그릇의 속과 겉과 같은 관계를 유지하며 흘러가는 것이라고 생각하기 쉽다. 이는 단순히 외형적으로 종교와 문화를 보며 삶의 한 방편으로 보기 때문이다. 영적으로 보면 종교와 문화는 인간 생활의 기초로서 생명의 문제와 유기적으로 연결된다는 것을 확인할 수 있다.

흔히 사람들은 기독교 문화는 하나님을 믿는 기독교인만의 생활 형태라고 생각한다. 하지만 기독교 문화는 하나님의 진리와 생명의 참문화를 떠나 악한 마귀의 문화를 쫓아 죄의 짐을 지고 사는 인간들을 구원하시는 예수 그리스도의 법에 의한 문화다. 하나님의 사랑을 저버리고 악한 세상에서 방황하고 있는 탕자를 다시 사랑의 품으로 부르시는 하나님의 뜻을 성취해가는 천국 백성의 삶의 모습을 말한다. 하나님의 문화의 기틀은 그리스도의 법에 의한 구원의 복음이다.

누구든지 주의 이름을 부르는 자는 구원을 받으리라 그런즉 그들이 믿지 아니하는 이를 어찌 부르리요 듣지도 못한 이를 어찌 믿으리요 전파하는 자가 없이 어찌 들으리요 보내심을 받지 아니하였으면 어찌 전파하리요 기록된 바 아름답도다 좋은 소식을 전하는 자들의 발이여 함과 같으니라 그러나 그들이 다 복음을 순종하지 아니하였도다 이사야가 이르되 주여 우리가 전한 것을 누가 믿었나이까 하였으니 그러므로 믿음은 들음에서 나며 들음은 그리스도의 말씀으로 말미암았느니라(롬 10:13~17).

예수 그리스도의 세계는 복음을 전파하는 문화의 참모습이다. 구원의 복음으로 악한 세상을 선하게 변화시키고 영원한 생명을 얻게 하는 것이다. 하나님은 이 구원의 문화를 선포하기 위해 그리스도의 십자가를 높이 세워주시고 십자가의 도를 따라 기독교 문화가 확산되어 세상 문화를 변화하게 하셨다.

> 십자가의 도가 멸망하는 자들에게는 미련한 것이요 구원을 받는 우리에게는 하나님의 능력이라(고전 1:18).

세상 문화가 이해하기 어려운 십자가의 도는 대속의 피를 흘려 죄인을 구원하시는 그리스도의 문화로 들어가는 양의 문을 통과하는 법을 말한다. 이 문은 좁고 협착해서 통과하기가 쉽지 않다. 진심으로 죄를 뉘우치며 눈물로 회개해야 들어갈 수 있다. 세상 문화에 길들여진 사람들이 기독교 문화에 들어가 선하게 변화받는 축복은 결코 쉬운 일이 아니다. 나의 철학적 가치관과 자존심, 교만을 버리고 세상 지식을 거룩하게 바꿔야 하는 아픔을 견뎌내야 한다.

　예수 그리스도께서 하신 공생애 첫 말씀은 "때가 찼고 하나님 나라가 가까웠으니 회개하고 복음을 믿으라"였다. 생명을 얻게 할 복음을 듣기 전에 먼저 회개하라고 하신 것은 영육의 문화 전환을 위한 그리스도의 법의 순서를 깨닫게 한다. 세례 요한은 구원의 증표인 세례를 받으려고 모여드는 이스라엘 사람들에게 "그러므로 회개에 합당한 열매를 맺고 속으로 아브라함이 우리 조상이라 말하지 말라 내가 너희에게 이르노니 하나님이 능히 이 돌들로도 아브라함의 자손이 되게 하시리라 이미 도끼가 나무뿌리에 놓였으니 좋은 열매 맺지 아니하는 나무마다 찍혀 불에 던져지리라"(눅 3:8~9)고 경고하고 주의 심판이 곧 임박할 것이라고 환기시켰다.

죄로 오염된 세상 문화를 거룩한 그리스도의 문화로 변화시키는 역사는 성령을 의지하고 복음을 전파하는 성도들의 믿음에 의해 성취되고 있다. 이 놀라운 문화의 탈바꿈 현상을 성경은 하나님의 씨 뿌리는 우주경영 법칙에 의한 접붙이기로 표현하고 있다. 하나님을 떠나 버림받은 돌포도나무를 그리스도의 참포도나무에 접붙여 진리와 생명의 진액을 수혈해주는 것이라고 설명하고 있다.

성령의 충만함을 받은 성도가 충성하며 정성으로 전달하는 그리스도의 복음이 능력이 되어 세상 문화에 젖은 사람들을 참 하나님의 문화 안에서 살게 하여야 한다는 것이다.

> 그런즉 누구든지 그리스도 안에 있으면 새로운 피조물이라 이전 것은 지나갔으니 보라 새것이 되었도다 모든 것이 하나님께로 났나니 저가 그리스도로 말미암아 우리를 자기와 화목하게 하시고 또 우리에게 화목하게 하는 직책을 주셨으니 (고후 5:17~18).

새 포도주는 새 부대에 담아야 하는 것처럼 구습의 낡은 문화에 매달려 악하게 변질되어 가는 세상 문화를 참사랑의 기쁨이 넘치는 그리스도의 문화로 새롭게 바꾸어줄 사명이 성도들에게 있다. 먼저 우리의 삶의 겉모습이 비록 옛 문화의 옷을 입고 세속의 몸부림을 치고 있다 해도 내 영혼이 하나님의 은총을 입어 그리스도 안에서 거룩하게 변해야 한다. 하나님과 기도로 사랑의 교제를 하고 말씀을 배우며 성령으로 보호와 인도를 받아야 한다.

우리의 인생관이 말씀 안에서 새롭게 바뀌면 천국 문화의 영역에 들어가 은혜가 충만해지고 축복을 감사하게 된다. 하나님의 문화가 생활화되면 그리스도의 법에 따라 어둡고 썩어져가는 세상의 문화에 빛을 비추고 소금의 역할을 감당하고픈 의욕이 넘치게 된다. 이 소망은 그리스도의 문화를 향유하는 나라를 건설하고픈 바람을 갖게 하고 오실 그리스도를 맞이할 거룩한 도성 새 예루살렘을 세워 살고픈 마음을 간절하게 할 것이다.

제2부

하나님의 뜻은 진리의 법

LAW

01

삼위일체 하나님

너희는 내 규례와 법도를 지키라 사람이 이를 행하면 그로 말미암아 살리라 나
는 여호와이니라(레 18:5).

우리는 삼위의 하나님이 우주를 창조하시고 섭리하신다고 믿는다. 한
분 하나님이 삼위의 인격을 가지고 계신다는 것이다. 이 계시는 믿는 자
의 영성을 통해 깨닫게 한다. 삼위일체 하나님의 뜻은 전지전능하신 지
혜로 만드신 온전하신 법이 되어 우주 안에 충만하다. 우주 창조는 질서
의 법으로 만들어지고 우주 자체는 자연 법칙으로 섭리되고 있다. 그 뜻
안에서 이 세상을 사랑하시는 구원의 역사가 진행되고 있다. 영이 되시
는 한 분 하나님이 삼위가 되셔서 물리적으로 보이고 확인할 수 있는 우
주를 만드시고 섭리하신다는 교리는 신비롭고 난해하다.

주 예수 그리스도의 은혜와 하나님의 사랑과 성령의 교통하심이 너희 무리와 함께 있을지어다(고후 13:13).

삼위일체 교리는 죄로 아둔해진 인간의 지식이나 과학으로는 이해하기 어렵다. 신학에서는 특별한 계시와 자연 법칙 안에 감춰진 일반 계시를 통해 깨닫게 하신다고 말한다.

삼위가 되시는 하나님의 신격에서 나와 우주 경영을 하는 법의 실상을 보면, 아버지 하나님의 뜻은 헌법과 같고 그 법 안에서 그리스도의 구원하시는 법과 보혜사가 되시는 성령의 법이 각기 주어진 목적을 위해 역사·섭리되고 있다. 삼위의 법은 서로 다른 역할을 하면서도 유기적 관계를 맺고 빈틈없이 온전한 창조의 뜻을 성취해나가고 있는 것이다.

창조의 주, 하나님 아버지

태초에 하나님이 천지를 창조하시니라(창 1:1).

하나님은 농부의 마음으로 우주를 창조하신 후 아버지로서 우주 천지의 모든 것을 다스리고 계신다. 하지만 태초의 그때 큰 변고가 발생했다. "땅이 혼돈하고 공허하며 흑암이 깊음 위에 있고 하나님의 영(성령)이 수면 위에 운행하시는 사태"(창 1:2)가 일어났다. 악한 세력이 잠입하여 창조 섭리의 질서를 어지럽힌 사건이었다. 성경은 하나님과 같이 되고 싶어 했던 천사 루시퍼가 타락해 일부 천사를 이끌며 마귀가 되었다고 밝히고 있다. 마귀의 무리는 마귀의 법으로 세상의 공중 권세를 잡고 지배하며 인간들에게 죽음의 멍에를 씌우고 질병과 갈등 미움의 고통을 주고 있다. 이로 말미암아 하나님은 스스로 성자의 신분을 택하시고 그리스도의 법을 만들어 악을 제거하시는 영농의 역사를 집행하시게 되었다.

구원의 주, 성자 예수 그리스도

> 태초에 말씀이 계시니라 이 말씀이 하나님과 함께 계셨으니 이 말씀은 곧 하나님
> 이시니라 그가 태초에 하나님과 함께 계셨고 만물이 그로 말미암아 지은 바 되
> 었으니 지은 것이 하나도 그가 없이는 된 것이 없느니라(요 1:1~3).

하나님께서는 친히 그 옛날 에덴 동산에서 마귀의 꾐에 속아 금단의 선악을 알게 하는 나무 열매를 따 먹고 죄를 지은 인간을 구원하시기 위해 인간의 몸을 입고 이 세상에 오셨다. 성경은 이를 예수 그리스도의 세계라고 말한다. 창조신학에서는 구원의 섭리를 하나님의 씨 뿌리는 우주 경영 법칙이라고 설명하고 미래를 바라보는 예측의 법칙으로 말씀의 비밀을 깨닫게 하고 있다. 이 구원의 역사는 예수 그리스도께서 다시 오셔서 심판하시고 참빛을 비추시며 영광의 천국을 창조하시는 날까지 지속될 것이다.

예수 그리스도는 생명나무이시며 어두운 세상을 구원하시는 빛이시다. 하지만 인간들은 자신들의 죄를 대신해 십자가에 달려 죽으시고 장사한 지 사흘 만에 다시 부활하여 영생을 증명해 보여주신 그리스도의 구원의 은혜를 깨닫지 못하고 방황하고 있다. 하지만 이 세상을 구원하시는 예수 그리스도께서는 그 이름을 믿는 자들에게는 하나님의 자녀가

되는 권세를 주시기 위해 교회를 세워주시고 친히 머리가 되셨다. 성경은 "성도가 하나님이 계시는 성전이면서도 교회의 지체가 되고 성령의 법으로 돕고 계신다"는 것을 알려준다.

보혜사 성령 하나님

> 보혜사 곧 아버지께서 내 이름으로 보내실 성령 그가 너희에게 모든 것을 가르치고 내가 너희에게 말한 모든 것을 생각나게 하리라(요 14:26).

성령 하나님은 창조 때부터 일하셨고 인간 역사 안에서는 진리로 인도하는 보혜사로 계시며 새 하나님 나라가 올 때까지 일하신다. 하나님 아버지께로부터 나오신 성령은 인간을 구원하시는 예수 그리스도의 세계를 이끄는 능력이면서 그리스도를 증언하는 복음의 원동력이다.

성령은 전혀 다른 존재인 영의 세계와 물리적인 세계를 서로 교통하게 하고 조화시키며 종합하게 하는 능력을 갖고 있다. 영적인 모든 상황과 상태를 육으로 나타내고 육의 요구를 영적으로 해결해준다. 성령은 하나님이 성자가 되어 인간의 몸을 입고 오실 때 동정녀 마리아에게 잉태하도록 역사하셨다. 공생애를 시작하기 전 요한의 세례를 받을 때 하나님의 성령이 비둘기같이 임하여 충만하게 하셨다. 인간의 죄로 물든 육신을 성화시키시려고 광야에 나가 40일 금식 기도하실 때 마귀의 세 가지 시험을 이기게 하셨다.

예수 그리스도는 성령에 대해 바람과 같다고 설명하시고 성도들에게 숨을 내쉬며 받으라고 말씀하셨다. 예수 그리스도는 제자들을 성령으로 충만하게 하시고 말씀의 불로 세례를 주고 계신다. 천국 복음을 전파하게 하시려고 제자들을 부르신 예수 그리스도는 아직 죄의 세상에 매여 사는 성도들에게 "하나님의 성령에 힘입고 귀신을 쫓아내면 현재적인 천국의 즐거움을 체험할 수 있다"고 말씀하셨다.

> 이는 그리스도 예수 안에 있는 생명의 성령의 법이 죄와 사망의 법에서 너를 해방하였음이라(롬 8:2).

하나님을 믿는 자녀들은 아직 죄의 법 아래서 살아가고 있다. 그 신앙의 역사적인 위치는 죽음의 멍에를 쓴 험한 소망의 시대를 살아가는 것이다. 하지만 성령의 법이 자유를 누리도록 인도하고 또 생명을 얻게 하는 법이 되어 죄와 죽음의 법에서 자유롭도록 도와주고 있다.

성경은 성령께서 하나님의 자녀가 된 것을 증언하고 있고 확인시켜주고 있다. 하지만 인간들은 연약해서 믿음을 갖고 거룩함을 쫓아 살면서도 마귀의 간계에 넘어지기 일쑤다. 이러할 때 성경은 "이와 같이 성령도 우리의 연약함을 도우시나니 우리는 마땅히 기도할 바를 알지 못하나 오직 성령이 말할 수 없는 탄식으로 우리를 위하여 친히 간구하시느니라"(롬 8:26)라고 알려주고 성도의 안타까운 마음을 위로하고 삼위일체 하나님의 뜻 안에서 모든 기쁨과 평강이 넘치도록 도와주신다. 성령 충만한 제자는 그리스도의 복음을 자신의 지식이나 설득력 있는 말재주로 하지 않고 성령의 능력과 가르치심을 받아 만방에 전파한다.

> 오직 성령이 너희에게 임하시면 너희가 권능을 받고 예루살렘과 온 유대와 사마

리아와 땅 끝까지 이르러 내 증인이 되리라 하시니라(행 1:8).

성령께서는 하나님의 일꾼에게 예비하신 무한한 능력을 유익하게 사용하라고 공급해주신다. 성도에게 성령의 풍성한 은사를 주시는 것은 교회의 덕을 세우고 성령의 열매를 맺는 믿음의 유익을 위해서다.

성경은 성령의 은사가 3,800여 가지가 있다고 설명한다. 하지만 우리가 믿음, 소망, 사랑으로 행하고 있는 복음 전도의 모든 사역이 다 성령의 은사에 의해 주어진 것이므로 인간의 직업보다 더 많을 것이다.

> 어떤 사람에게는 성령으로 말미암아 지혜의 말씀을, 어떤 사람에게는 같은 성령을 따라 지식의 말씀을, 다른 사람에게는 같은 성령으로 믿음을, 어떤 사람에게는 한 성령으로 병 고치는 은사를, 어떤 사람에게는 능력 행함을, 어떤 사람에게는 예언함을, 어떤 사람에게는 영들 분별함을, 다른 사람에게는 각종 방언 말함을, 어떤 사람에게는 방언들 통역함을 주시나니 이 모든 일은 같은 한 성령이 행하사 그의 뜻대로 각 사람에게 나누어 주시는 것이니라(고전 12:8~11).

교회를 구성하는 지체인 성도들은 제각각 지식과 재능과 능력을 갖고 있다. 하지만 자기가 갖고 있는 잠재된 능력을 알지 못하는 경우가 많다. 그 재능들을 개발하고 발전시키면 놀라운 위력을 발휘할 수 있다. 그것을 찾아내 유용하게 사용하도록 돕는 것이 성령의 은사다. 교회에는 지체인 각 선교회, 구역, 제직회와 같은 조직과 부서, 직분들이 많다. 성도들이 직분의 한계와 분수를 모르고 제멋대로 입맛대로 사역하게 되면 갈등과 분쟁이 일어난다. 성령께서 이를 통제하고 적절하게 사용하도록 역사하시고 회개의 길을 열어놓고 계신다.

성도는 주신 은사를 내 것인 양 자기 유익을 위해 사용해도 안 되고 무익하게 감춰두거나 묵혀두어서도 안 된다. 성령께서 후히 주시기 때문에 더욱 큰 은사를 사모하고 충성하면 더 좋은 길을 보여주신다.

한 번 빛을 받고 하늘의 은사를 맛보고 성령에 참여한 바 되고 하나님의 선한 말씀과 내세의 능력을 맛보고도 타락한 자들은 다시 새롭게 하여 회개하게 할 수 없나니 이는 그들이 하나님의 아들을 다시 십자가에 못 박아 드러내 놓고 욕되게 함이라(히 6:4~6).

간혹 믿음이 연약한 신앙인이 그리스도의 구원의 법과 십자가의 도를 버리고 죽은 행실로 돌아가면 회개할 수 있는 길이 있지만 성령의 충만한 은혜를 받고 배신하면 다시 용서를 받을 수 없다. 왜냐하면 성령의 안수와 불세례를 받고 믿음의 분량이 충만하고 부활의 영광과 영원한 심판에 관한 교훈을 아는 완전한 상태에 들어갔던 사람이기 때문이다.

성도의 믿음은 항상 성령께서 점검하시고 계신다. 성경은 깨끗함과 지식과 오래 참음과 자비함과 성령의 감화와 거짓이 없는 사랑과, 진리의 말씀과 하나님의 능력으로 의의 무기를 좌우에 가지고(고후 6:6~7) 성령의 법 안에서 하나님의 영광을 위하여 항상 기뻐하며 참된 삶을 살라고 충고한다. 삼위일체 하나님의 법은 성령 안에서 사랑으로 완성이 되는 것이기 때문이다.

02
구원의 도구, 하나님의 율법

> 여호와의 율법은 완전하여 영혼을 소성시키며 여호와의 증거는 확실하여 우둔한
> 자를 지혜롭게 하며 여호와의 교훈은 정직하여 마음을 기쁘게 하고 여호와의 계
> 명은 순결하여 눈을 밝게 하시도다 여호와를 경외하는 도는 정결하여 영원까지
> 이르고 여호와의 법도 진실하여 다 의로우니 금 곧 많은 순금보다 더 사모할 것
> 이며 꿀과 송이꿀보다 더 달도다(시 19:7~10).

하나님은 죽을 죄인을 구원하시기 위해 율법을 마련해주셨다. 율법은
이 세상의 모든 법의 시초이며 기본이고 모범이다. 당초 율법은 하나님
이 선택하신 이스라엘 민족에게 생육하고 번성하며 땅을 정복하라는 명
령을 따르며 죽음에서 생명으로 거듭나게 하시려는 하나님의 뜻에 순종
하며 살도록 주신 언약의 증표였다. 율법은 출애굽을 한 이스라엘 민족
의 지도자 모세를 통해 주신 '십계명'을 기본으로 하여 1만 가지 이상이

만들어져 있다.

성경은 하나님이 모세를 시내 산으로 부르시고 율법을 주실 때의 광경을 "여호와께서 모세에게 이르시되 너는 이 말들을 기록하라 내가 이 말들의 뜻대로 너와 이스라엘과 언약을 세웠음이니라 하시니라 모세가 여호와와 함께 사십 일 사십 야를 거기 있으면서 떡도 먹지 아니하였고 물도 마시지 아니하였으며 여호와께서는 언약의 말씀 곧 십계명을 그 판들에 기록하셨더라"고 알려주고 "모세가 그 증거의 두 판을 모세의 손에 들고 시내 산에서 내려오니 그 산에서 내려올 때에 모세는 자기가 여호와와 말하였음으로 말미암아 얼굴 피부에 광채가 나나 깨닫지 못하였더라"(출 34:27~29)고 설명하고 있다.

십계명, 나는 네 하나님 여호와니라

1. 너는 나 외에는 다른 신들을 네게 두지 말라.
2. 너를 위하여 새긴 우상을 만들지 말고 또 위로 하늘에 있는 것이나 아래로 땅에 있는 것이나 땅 아래 물 속에 있는 것의 어떤 형상도 만들지 말며, 그것들에게 절하지 말며 그것들을 섬기지 말라.
3. 너는 네 하나님 여호와의 이름을 망령되게 부르지 말라.
4. 안식일을 기억하여 거룩하게 지키라.
5. 네 부모를 공경하라.
6. 살인하지 살라.
7. 간음하지 말라.
8. 도둑질하지 말라.

9. 네 이웃에 대하여 거짓 증거하지 말라.

10. 네 이웃의 집을 탐내지 말라.

압제자 애굽의 바로 왕으로부터 자유를 얻고 홍해의 기적을 체험하며 광야를 방황하던 이스라엘은 우뢰와 번개와 나팔 소리와 산의 연기를 보고 무서운 마음으로 떨며 십계명을 받아온 모세를 맞이하며 하나님의 법에 순종할 것을 다짐했다. 모세는 백성들에게 "두려워하지 말라 하나님이 임하심은 너희를 시험하고 너희로 경외하여 범죄하지 않게 하려 하심이니라"(출 20:20)라고 말했다.

하나님의 헌법과 같은 십계명은 인간들이 누구인가를 확인시켜주는 법적 장치다. 하나님께 불순종의 죄를 짓고 죄악 세상에서 죽기 위해 태어나 살아가는 불쌍한 인간들의 우주적인 위치를 깨닫게 하고 그 무거운 죄의 짐에서 벗어나 예정된 복 되고 영생하는 인생길을 걸어가는 방법을 제시하고 있다.

십계명을 기초로 하는 율법의 적용 범위는 광범위하다. 인간의 생명과 사망의 법에서부터 영적 선악의 생각 그리고 미움, 갈등, 시기, 탐욕, 정욕과 믿음, 소망, 사랑, 선, 은혜, 축복에 간여한다. 또 생육하는 씨 뿌림과 생활을 통해 번성하고 땅을 정복하며 재물을 모으는 활동, 이웃과의 교제, 민족과 국가 간의 평화, 사회 활동하는 모든 일, 음식을 먹고 잠자는 일, 심지어 옷을 만들어 입는 일 등 일상생활을 다 간섭하고 있다.

이런 삶의 문제보다 더 중요한 것은 하나님과 사랑의 관계를 회복하고 말씀에 순종하며 성령으로 거룩하게 변화하고 예배와 기도, 찬송을 드리는 삶으로 세상을 새롭게 변화시키는 일이다. 하나님이 법을 만들어주신 것은 범죄와의 싸움에서 지고 있는 인간들을 돕기 위하여 기이한 사랑의 묘약을 처방해주신 것이다.

율법 역사의 자취

> 죄가 율법 있기 전에도 세상에 있었으나 율법이 없었을 때에는 죄를 죄로 여기지 아니하였느니라(롬 5:13).

인간은 법이 무엇이며 왜 필요한지 모르고 살 때는 법으로부터 자유로 웠다. 동물적인 본능으로 살면서 생각하는 대로 행동했다. 하지만 무법 천지가 다른 사람들에게 해를 끼치거나 나에게 불이익이 될 때에는 문제 가 심각해지고 수습할 방도가 없었다. 규제하고 통제하는 법적 장치가 필 요했다. 하지만 인간들에게 법을 제정하고 법치 사회를 만드는 일은 결코 쉬운 것이 아니고 또 오랜 경험의 역사가 필요했다.

인간이 악해지고 범죄가 증가하면서 죄를 규제하고 응징하는 법이 더 늘어나고 있는 가장 큰 이유는 인간들의 사랑이 식어가고 더 악을 향하 여 변질되어가기 때문이다. 성경은 인간의 죄와 범법 행위에 따른 죽음의 징계를 위한 율법의 역사를 바르고 정확하게 알려주고 있다.

> 그러므로 한 사람으로 말미암아 죄가 세상에 들어오고 죄로 말미암아 사망이 들 어왔나니 이와 같이 모든 사람이 죄를 지었으므로 사망이 모든 사람에게 이르렀 느니라(롬 5:12).

인류 최초의 범법 행위는 에덴동산에서 첫 사람 아담이 하나님의 말씀에 불순종을 하고 선악을 알게 되는 순간 발생했다. 또 아담은 범죄의 원인 제공자를 아내 하와라고 고자질을 하며 죄를 회개하지 않았다. 하나님께 불순종했던 아담의 죄는 모든 인류에게 생득적으로 이어지고 모든 사람이 죗값으로 죽어야 하고 온갖 고통을 받게 되었다. 에덴의 동쪽으로 추방되어 농사를 짓던 아담의 큰아들 가인은 하나님께 드리는 제사 문제로 속이 상하자 질투 끝에 동생 아벨을 돌로 쳐 죽이는 인류 최초의 살인자가 되었다. 역사가 흐르고 인류가 늘어나면서 범죄도 증가해 사람들을 더욱 타락의 늪에 빠지게 했다.

> 여호와께서 사람의 죄악이 세상에 가득함과 그의 마음으로 생각하는 모든 계획이 항상 악할 뿐임을 보시고 땅 위에 사람 지으셨음을 한탄하사 마음에 근심하시고 이르시되 내가 창조한 사람을 내가 지면에서 쓸어버리되 사람으로부터 가축과 기는 것과 공중의 새까지 그리하리니 이는 내가 그것들을 지었음을 한탄함이니라 하시니라(창 6:5~7).

하나님은 범죄가 늘어나는 험한 세상에서 '노아'라고 하는 동방의 의인을 발견하셨다. 하나님은 노아의 가족을 물의 심판에서 구원하실 것을 결심하시고 노아에게 방주를 만들도록 하셨다. 40주야 물이 세상을 덮어 모든 생물들을 다 죽게 했지만 노아를 통해 다시 인류가 생육하고 번성하게 하셨다.

하지만 하나님의 구원은 잠시뿐이었다. 인류의 문화가 발달하고 지각이 생기고 의식이 늘어나면서 동방으로 옮겨가던 사람들은 성읍을 짓고 바벨탑을 건설하여 하나님의 권위에 도전하려고 했다. 성경은 하나님의 질서의 법을 무시하고 탑을 세워 하늘에 닿게 하며 이름을 빛내고 땅 위에서 흩어짐을 면하자고 도전하는 인간을 보시고 "여호와께서 이르시되 이 무리가 한 족속이요 언어도 하나이므로 이같이 시작하였으니 이후로는 그 하고자 하는 일을 막을 수 없으리로다. 자, 우리가 내려가서 거기서 그들의 언어를 혼잡하게 하여 그들이 서로 알아듣지 못하게 하자 하시고 여호와께서 거기서 그들을 온 지면에 흩으셨으므로 그들이 그 도시를 건설하기를 그쳤더라"(창 11:6~9)라고 설명하고 있다. 하나님의 법은 바벨탑 사건 후 하나뿐이던 인류의 언어를 나누어 혼잡하게 하고 온 지면에 흩어지게 하셨다.

> 여호와께서 아브람에게 이르시되 너는 너의 고향과 친척과 아버지의 집을 떠나 내가 네게 보여 줄 땅으로 가라 내가 너로 큰 민족을 이루고 네게 복을 주어 네 이름을 창대하게 하리니 너는 복이 될지라 너를 축복하는 자에게는 내가 복을 내리고 너를 저주하는 자에게는 내가 저주하리니 땅의 모든 족속이 너로 말미암아 복을 얻을 것이라 하신지라 이에 아브람이 여호와의 말씀을 따라갔고 롯도 그와 함께 갔으며 아브람이 하란을 떠날 때에 칠십오 세였더라 아브람이 그의 아내 사래와 조카 롯과 하란에서 모은 모든 소유와 얻은 사람들을 이끌고 가나안 땅으로 가려고 떠나서 마침내 가나안 땅에 들어갔더라(창 12:1~5).

하나님은 죄악 가운데서 방황하는 인류 구원의 역사를 섭리하신다. 이스라엘 민족을 택하시고 일흔다섯 살인 아브람을 부르시며 믿음의 조상으로 삼으시고 예수 그리스도의 세계를 펼치셨다. 그는 아브라함이라는 새 이름을 얻고도 아내 사라를 누이동생이라고 속이는 등 범죄에서 자유하지 못했지만 늦게 얻은 아들 이삭을 하나님의 제물로 드리라는 명령에 순종하여 믿음의 표상이 되는 인증을 받았다.

반면에 아브라함과 동행했던 사촌 롯은 비옥하게 보이지만 음란하고 타락한 소돔과 고모라 땅에 들어갔다. 그 땅을 전멸시키려던 하나님은 롯에게 천사를 보내 롯만큼은 구원하시려고 하셨다. 하지만 도망쳐 나올 때 재물에 눈이 먼 롯의 아내는 뒤를 돌아보지 말라는 경고를 무시했다가 소금 기둥이 되는 변고를 당했다.

롯은 인류의 멸절을 걱정한 두 딸과 불륜을 저지르고 하나님을 대적하는 세력이 된 모압과 암몬 족속의 조상이 되는 후손을 낳았다.

아브라함의 아들 이삭은 쌍둥이 형제를 낳았다. 둘째인 야곱은 형 에서를 팥죽 한 그릇으로 속여 장자의 명분을 빼앗고 장자가 상속하는 혈통의 질서를 무너뜨렸다.

가나안 땅에서 살던 야곱이 노년에 얻은 요셉은 자기가 형제들의 절을 받는 꿈에 대해 이야기했다가 미움을 받아 은 스무 냥에 팔려 애굽 땅에 끌려가 시위 대장 보디발의 노예가 되었다. 보디발의 아내가 용모가 준수한 요셉을 유혹하다 실패하자 모함을 해 감옥에 갇히기도 했다. 요셉은 하나님의 도우심으로 감옥에서 만난 애굽 왕의 술 맡은 관원장과 떡 굽는 관원장의 꿈을 해석해주었다. 후에 그의 총명을 알게 된 애굽 왕의 부름을 받고 총리가 된 요셉은 애굽의 극심한 기근의 문제를 멋지게 해결해주었다. 그 당시 아버지 야곱이 살던 가나안도 기근이 심했다. 요셉의 형들이 식량을 구하려고 애굽으로 찾아갔다가 요셉을 만나 도움을 받고 애굽으로 이주하게 되었다. 이 때 70명의 가족을 이끌고 왔던 야곱은 그 아들 열두 명을 이스라엘 민족의 부족으로 축복했다. 하지만 애굽의 총리로 있던 요셉과 그 형제들이 죽자 애굽으로 이주했던 이스라엘 사람들은 애굽의 노예로 전락했다. 그 속에서도 하나님을 의지하는 이스라엘 사람들은 어려운 환경에서도 생육하고 번성해 강대해지고 있었다.

애굽 왕 바로는 이스라엘 사람들이 번성하지 못하도록 성을 쌓는 노역과 농사일을 호되게 하여 억압하는 한편 인구 억제를 위해 남자아이가 출생하면 죽이도록 인구 조절 정책을 펼쳤다. 그 와중에서 히브리 노예인 모세가 부모의 슬기로 목숨을 유지하고 애굽 공주의 양자가 되어 고등교육을 받았다. 모세는 동족을 위해 애굽 사람을 죽이고 광야로 도망쳐 제사장 이드로의 사위가 되어 양치기를 하면서 광야에서의 적응 훈련을 했다.

> 여호와께서 이르시되 내가 애굽에 있는 내 백성의 고통을 분명히 보고 그들이 그들의 감독자로 말미암아 부르짖음을 듣고 그 근심을 알고 내가 내려가서 그들을 애굽인의 손에서 건져내고 그들을 그 땅에서 인도하여 아름답고 광대한 땅, 젖과 꿀이 흐르는 땅 곧 가나안 족속, 헷 족속, 아모리 족속, 브리스 족속, 히위 족속, 여부스 족속의 지방에 데려가려 하노라(출 3:7~8).

여호와 하나님은 호렙 산의 불타는 떨기나무를 본 모세에게 고통받고 있는 히브리 민족을 구출하는 중책을 맡기셨다. 바로 왕을 열 가지 이적으로 굴복시키고 이스라엘 백성들을 출애굽시키신 하나님은 그 유명한 홍해의 기적을 보여주시고, 반석을 깨 샘물을 먹이시고, 뜨거운 낮에는 구름 기둥으로 추운 밤에는 불기둥으로 보호하시며 복된 가나안으로 인도하셨다. 모세에게 율법을 주신 하나님은 가나안에 도착한 이스라엘 민족에게 하나님을 영화롭게 하는 소제, 화목제, 속죄제, 속건제 등 제사법을 자세히 가르쳐주시고 율법을 광범위하게 만들어주셨다.

신명 나는 율법의 선택권

> 보라 내가 오늘 생명과 복과 사망과 화를 네 앞에 두었나니 곧 내가 오늘 네게 명령하여 네 하나님 여호와를 사랑하고 그 모든 길로 행하며 그의 명령과 규례와 법도를 지키라 하는 것이라 그리하면 네가 생존하며 번성할 것이요 또 네 하나님 여호와께서 네가 가서 차지할 땅에서 네게 복을 주실 것임이니라 (신 30:15~16).

엄하신 명령으로 하지 말라는 율법을 주신 하나님께서는 "율법을 너희가 선택하라"는 자비로우신 말씀도 하셨다. 도저히 지키기 힘들었던 율법의 압박으로부터 벗어난다는 것은 정말 신 나는 일이다. 하나님은 왜 이런 엄청난 결정을 하셨을까?

하나님은 에덴동산에서 선악을 알게 하는 나무 열매를 따 먹지 말라고 하셨지만, 불순종을 하고 죽을 수밖에 없게 된 인간을 율법을 통해 구원을 하시려고 신앙 훈련을 하셨다. 하지만 이마저도 가능성이 보이지 않자 구원의 방법을 바꾸셨다. 하나님의 법을 위반한 인간의 전력을 아시는 하나님은 일방적 명령보다 네 가지 법 가운데 필요하다고 생각하는 것을 선택할 기회를 주셨다.

율법의 선택권은 구원의 섭리를 사랑으로 발전시키는 하나님의 은혜로 마련된 조건부 구원의 방법이다. 이는 예수 그리스도의 세계를 알려주시는 계기가 된다. 율법의 선택권은 곧 그리스도의 사랑의 계명으로 전환되었고 율법은 사랑을 실천하는 밑거름이 되었다.

법의 숲에서 인간이 살아가는 필수 조건은 '생사화복'이다. 이 네 가지가 인간의 삶을 지배하고 있다. 이 중에 어떤 것이 인생에 많이 작용하느냐 하는 문제가 행복을 가름하게 한다.

생명

죽을 수밖에 없다는 것은 생명이 얼마나 소중한지 깨닫게 한다. 생육하고 번성하며 땅을 정복해가는 본능으로 사는 인생에서 부귀영화를 멋지게 누린다 해도 죽음은 순식간에 모든 것을 앗아가버리고 말기 때문이다. 영원한 생명은 하나님이 만드시고 보장하시는 축복이다. 생명은 하나님의 것이라는 것을 알지 못하는 사람들은 내 생명은 내 것이라고 잘못 인식하고 있다. 하나님의 생육과 번성의 법에 의해 육신의 부모를 통해 태어난 인간은 자신이 자기 생명의 주인이라고 확신하고 살아간다. 자신의 실체는 만세 전에 하나님이 예정하사 창조하신 피조물로서 육신을 입고 나로 존재한다는 것을 모르고 있다. 그래서 자신의 생명을 가볍게 여기고 자살하거나 학대하는 사람이 있다. 또 영혼의 만족을 위해 술과 담배, 마약을 하며 육신을 병들게 하는 사람도 있다. 건강 관리를 하라는 말은 하나님이 맡겨주신 육신을 잘 간수하는 것이며 영혼의 축복을 확인하는 것이다.

하나님은 아름다운 생명에게 무한하신 복과 사랑을 주시고 죽음과 화가 침범하지 못하도록 보호하신다. 인생의 참행복은 예수 그리스도 안에 있는 생명의 법 안에서 성령의 법을 따라 사는 것이다.

복

사람들은 영혼이 만족하고 육신이 건강하고 다정한 가족과 넉넉한 재물을 가지고 평안하게 살면 복이 있다고 생각을 한다. 사람들은 이 복된 삶을 위해 일생을 걸고 열심히 노력한다. 하지만 이런 소망을 현실에서 얻으며 사는 사람은 많지 않다. 그것은 법의 숲에는 불행이나 불법이 너무나 많이 판치고 있기 때문이다.

사람들은 큰 복은 하늘이 내린다고 생각한다. 잘 먹고 잘 살려면 자신의 노력으로 복을 만들어내야 한다고 여긴다. 인간의 복은 상대적이어서 남과 비교하며 자신의 복을 측정하려고 한다. 같은 생활환경에서 내 마음이 만족하면 행복해하고 주변 사람들보다 열악하고 불편한 생활을 한다고 생각되면 불행해한다. 하지만 성경은 인간의 복은 하나님을 믿는 척도에 따른다고 알려주고 있다. 만복의 근원이신 하나님이 복을 나눠주신다고 말한다. 즉 복의 선택권을 인간에게 맡겨주셨다고 한다.

> 여호와를 경외하며 그의 길을 걷는 자마다 복이 있도다 네가 네 손이 수고한 대로 먹을 것이라 네가 복되고 형통하리로다 네 집 안방에 있는 네 아내는 결실한 포도나무 같으며 네 식탁에 둘러 앉은 자식들은 어린 감람나무 같으리로다 여호와를 경외하는 자는 이같이 복을 얻으리로다(시 128:1~4).

하나님의 주시는 복은 만 가지가 넘는다. 사람들이 가장 원하는 건강,

재물, 명예의 복에서부터 가족 건강, 화목, 집안의 번성, 정의로운 사회에서의 공동생활과 안정된 직장의 번영, 세계 평화와 또 귀여운 강아지와 노는 것, 예쁜 꽃을 가꾸는 취미까지 모든 것이 믿음 안에서 얻는 축복이다.

죽음(사망)

생명의 종착역은 죽음이다. 죽음은 하나님을 믿지 않는 죄에서 나왔다. 하지만 죽음이 끝은 아니고 또다시 시작되는 고통의 연장이다. 인간의 영혼은 영원토록 불멸하기 때문이다. 세상 사람과 종교는 죽음을 종결이라고 생각하고 그 끝에서 벗어나기를 원한다. 내 힘으로 자수성가한 사람은 죽음으로 놓치게 될 재물과 명예에 대한 애착 때문에 살아서도 고통받는다. 그들은 죽음 너머에 있는 생명을 바라보지 못한다.

죽음은 하나님을 대적하는 마귀의 전유물처럼 보인다. 그리고 인간은 마귀의 손아귀에서 자유롭지 못하다고 믿는다. 사람들은 세상살이의 희비애락을 죽음으로 표현한다. 맛난 밥을 먹으면 배가 불러 죽겠다, 즐거울 때는 기분 좋아 죽겠다, 미운 사람을 보면 미워 죽겠다, 웃을 일이 있으면 웃겨 죽겠다 등 마귀의 기분을 즐겁게 해주는 일에 열중하려 한다.

하지만 성경은 죽는다는 것은 하나님의 구원의 도구라고 밝히고 있다. 예수 그리스도의 세계는 악을 제거하시는 섭리라고 말한다. 즉 하나님의 씨 뿌리는 우주 경영 법칙에 의한 구원의 영농이라고 귀띔을 해주고 있는 것이다. 하나님을 믿는 사람은 죽음과 생명을 얻게 하는 시작이라고 믿고 장례식에서도 "하늘 가는 밝은 길이 내 앞에 있으니 내게 아무 공로 없어도 그리스도의 은혜로 영접하실 터이니" 감사하다고 찬송을 부른다.

> 나의 때가 얼마나 짧은지 기억하소서 주께서 모든 사람을 어찌 그리 허무하게 창조하셨는지요 누가 살아서 죽음을 보지 아니하고 자기의 영혼을 스올의 권세에서 건지리이까(시 89:47~48).

성경은 "하나님이 흙으로 만드신 사람을 티끌로 돌아가게 하리라"고 밝히고 있다. 아침에 피었다가 저녁이면 시드는 풀이나 꽃 같은 인생은 그 삶의 날 수가 70이고 강건하면 80살이라고 알려준다.

율법은 죽음을 확인하고 생명을 사랑하시는 하나님을 만나는 통로다. 하지만 그 길은 협착해서 찾기 힘들다. 그것은 죽음을 미화하는 세상의 아집, 재물, 명예가 우상이 되어 미련을 갖게 하는 미혹이 인간의 눈을 멀게 하고 있기 때문이다.

지금 세상에 죽음에서 벗어나게 해주는 그리스도의 복음이 널리 퍼지고 있다. 생명을 선택할 기회가 눈앞에 있다.

화

화는 하나님이 주시는 저주이며 멸망의 지름길이다. 인간이 하나님의 사랑의 법을 위반함으로서 자초한 징벌을 말한다. 모든 사람이 죽음 아래 있는 것처럼 저주와 화를 벗어날 수 없다. 사람들은 이 고약한 죽음과 저주와 화의 법에서 벗어나려고 철학을 연구하고 우상을 만들며 고달픈 싸움을 벌여왔다.

생명과 복의 소중함을 아는 인간들은 화라고 하는 존재는 무엇인가, 왜 인간을 괴롭히고 있는가, 화로부터 벗어날 길은 없는가에 대해 고민하며 우주라는 법의 숲에서 헤매며 울부짖어왔다. 성경은 화와 친구가 되는 것에 대해 죽음, 저주, 마귀, 독사, 부정, 미움, 상실, 절망, 좌절, 투기, 방탕, 탐욕, 분냄, 우상 숭배 등이 있다고 알려준다. 하지만 사람들은 화를 불러들이는 원인과 화로부터 벗어날 해답을 찾지 못하고 방황하고 있다. 그것은 그리스도의 진리와 생명의 법을 모르고 만복의 근원이신 하나님을 만나지 못했기 때문이다.

> 악을 선하다 하며 선을 악하다 하며 흑암으로 광명을 삼으며 광명으로 흑암을 삼으며 쓴 것으로 단 것을 삼으며 단 것으로 쓴 것을 삼는 자들은 화 있을진저 스스로 지혜롭다 하며 스스로 명철하다 하는 자들은 화 있을진저(사 5:20~21).

화를 자초하는 사람들은 복을 주시는 하나님을 알지 못한다. 화를 당하지 않고 살아갈 방법은 없는가를 고민하면서도 스스로의 능력으로 지혜롭고 바르게 살아간다고 자부한다. 자신이 죄 아래 태어나고 죄의 지배를 받으며 살 수밖에 없는 나약한 존재임을 부인한다.

> 이 율법책을 네 입에서 떠나지 말게 하며 주야로 그것을 묵상하여 그 안에 기록된 대로 다 지켜 행하라 그리하면 네 길이 평탄하게 될 것이며 네가 형통하리라 내가 네게 명령한 것이 아니냐 강하고 담대하라 두려워하지 말며 놀라지 말라 네가 어디로 가든지 네 하나님 여호와가 너와 함께 하느니라 하시니라(수 1:8~9).

생명과 복, 사망과 화는 하나님의 율법 안에서 선택할 수 있다. 어떤 것을 택할지 믿음으로 결정해야 한다. 하지만 세상의 많은 사람들은 그리스도의 복음을 듣고도 이 축복의 선택권을 쉽게 포기한다. 관습과 문화에 깊이 빠져 더 풍성하고 좋은 것을 얻게 하시는 하나님의 비밀하신 뜻과 그 방법을 깨닫지 못하기 때문이다.

> 아브라함과 다윗의 자손 예수 그리스도의 계보라(마 1:1).

사람들은 성경 신약을 펴들면 앞머리에 나오는 아브라함의 족보를 보고 낯선 이름의 지루한 나열에 당황한다. 아브라함을 시작으로 엮어지는 예수 그리스도의 세계를 통해 인류 역사가 얼마나 하나님의 법을 위반하며 이어져왔는지 확인할 수 있다. 인류의 피 속에 죄악의 흔적이 물씬 배어 있고 그 무거운 죄 사함을 위해 어떤 속죄가 필요한지 깨닫게 한다.

율법에서 의와 생명으로

> 복음에는 하나님의 의가 나타나서 믿음으로 믿음에 이르게 하나니 기록된 바 오직 의인은 믿음으로 말미암아 살리라 함과 같으니라(롬 1:17).

하나님은 자연의 섭리 안에서 영농되고 있는 인간들이 '자신은 누구인가', '왜 질병의 고통과 온갖 갈등에 시달리며 살다가 죽어야 하는가'를 깨닫기를 원하셨다. 하지만 하나님이 이 세상을 사랑하시고 예수 그리스도의 구원의 은혜를 베푸시는 뜻을 알기 어려웠다. 죄악된 세상에 적응해온 사람이 심오한 하나님의 뜻을 알고 따르며 믿기는 역부족이었다. 다행히 하나님은 율법의 책(모세 오경)을 주시고 구원에 다가갈 수 있도록 배려해주셨다. 하지만 인간들은 하나님을 알되 생각이 허망하여 영화롭게 아니하고 감사하지도 않으며 마음이 어두워지고 어리석게 살며 하나님을 슬프게 했다. 성경은 "또한 그들이 마음에 하나님 두기를 싫어하매 하나님께서 그들을 그 상실한 마음대로 내버려두사 합당하지 못한 일을 하게 하셨으니 곧 모든 불의, 추악, 탐욕, 악의가 가득한 자요 시기, 살인, 분쟁, 사기, 악독이 가득한 자요 수군수군하는 자요 비방하는 자요 하나님께서 미워하시는 자요 능욕하는 자요 교만한 자요 자랑하는 자요 악을 도모하는 자요 부모를 거역하는 자요 우매한 자요 배약하는 자요 무정한 자요 무자비한 자라 그들이 이 같은 일을 행하는 자는 사형에 해당한다고 하나님께서 정하심을 알고도 자기들만 행할 뿐 아니라 또한 그런 일을 행하는 자들을 옳다 하느니라"(롬 1:28~32)고 하나님의 법을 떠나 사는 인간들의 그릇된 모습을 지적하고 있다.

> 네가 하나님의 인자하심이 너를 인도하여 회개하게 하심을 알지 못하여 그의 인자하심과 용납하심과 길이 참으심이 풍성함을 멸시하느냐 다만 네 고집과 회개하지 아니한 마음을 따라 진노의 날 곧 하나님의 의로우신 심판이 나타나는 그 날에 임할 진노를 네게 쌓는도다(롬 2:4~5).

율법의 첫걸음은 회개다. 하나님은 사람들이 진리를 따르지 않고 불의를 따르면 그 행위대로 갚으신다고 말씀하셨다. 무릇 율법이 없이 죄를 범한 자는 양심이 율법이 되고 또 율법 아래서 죄를 짓는 사람은 율법으로 심판하신다고 하셨다. 하지만 인간들은 하나님의 진노하심을 외면하고 심판을 남의 일처럼 생각하며 살아간다. 어떤 사람은 선을 행한다고 말하면서도 실제 행동은 악을 행한다.

> 기록된 바 의인은 없나니 하나도 없으며 깨닫는 자도 없고 하나님을 찾는 자도 없고 다 치우쳐 함께 무익하게 되고 선을 행하는 자는 없나니 하나도 없도다 그들의 목구멍은 열린 무덤이요 그 혀로는 속임을 일삼으며 그 입술에는 독사의 독이 있고 그 입에는 저주와 악독이 가득하고 그 발은 피 흘리는 데 빠른지라 파멸과 고생이 그 길에 있어 평강의 길을 알지 못하였고 그들의 눈 앞에 하나님을 두려워함이 없느니라 함과 같으니라(롬 3:10~18).

의인은 율법 아래 있는 사람을 말한다. 하지만 율법으로 비춰 보면 의롭다 할 사람을 찾아보기 어렵다. 율법을 떠난 인간의 행위는 전부 불의다. 하나님은 율법으로 어찌할 수 없는 일을 해결하기 위해 하나님의 독생자이며 의로우신 예수 그리스도를 죄의 땅에 보내주셨다. 성경은 그리스도의 법과 구속하는 피가 묻은 십자가의 도를 따라 하나님을 믿는 모든 성도를 의로운 천국 백성으로 삼으셨다고 밝히고 있다. 성도가 의롭다 하심을 얻는 것은 율법의 행위가 아닌 오직 믿음의 법으로 되는 것이다. 그렇다고 율법을 파기할 수 없다. 오히려 율법을 굳게 세워야 한다. 율법이 없으면 범법도 없지만 율법의 개입이 없으면 믿음을 가질 수 없었을 것이기 때문이다.

그러므로 우리가 믿음으로 의롭다 하심을 받았으니 우리 주 예수 그리스도로 말미암아 하나님과 화평을 누리자 또한 그로 말미암아 우리가 믿음으로 서 있는 이 은혜에 들어감을 얻었으며 하나님의 영광을 바라고 즐거워하느니라(롬 5:1~2).

하나님으로부터 의롭다고 칭찬을 듣는 것은 즐거운 일이지만 잠시 우리는 자신의 믿음을 돌이켜보아야 한다. 하나님이 믿음으로 우리에게 사랑을 확증해주셨지만 아직 죄악이 판치는 이 세상에서 부활하신 그리스도를 고대하며 심판에 대비하고 소망의 시대를 살아가야 하기 때문이다. 성경은 "다만 이뿐 아니라 우리가 환난 중에도 즐거워하나니 이는 환난은 인내를, 인내는 연단을, 연단은 소망을 이루는 줄 앎이로다 소망이 우리를 부끄럽게 하지 아니함은 우리에게 주신 성령으로 말미암아 하나님의 사랑이 우리 마음에 부은 바 됨이니"(롬 5:3~5) 라고 연약한 인간을 위해 십자가 위에서 죽음의 권세를 깨뜨리신 예수 그리스도를 바라보며 세상을 이겨나가라고 권고한다.

첫 사람 아담의 범죄가 세상 모든 사람들에게 생득적으로 이어져온 것처럼 마지막 아담으로 오신 예수 그리스도의 대속의 구원이 믿는 모든 사람에게 이루어진 것을 감사해야 한다.

율법과 죄

또한 너희 지체를 불의의 무기로 죄에게 내주지 말고 오직 너희 자신을 죽은 자 가운데서 다시 살아난 자 같이 하나님께 드리며 너희 지체를 의의 무기로 하나님께 드리라 죄가 너희를 주장하지 못하리니 이는 너희가 법 아래에 있지 아니하고 은혜 아래에 있음이라(롬 6:13~14).

우리는 율법 아래에 있지 아니하고 그리스도의 생명의 은혜 아래에 있게 되었으니 다시 죄를 지을 수 없다. 죄의 삯은 죽음이요 하나님의 은혜는 거룩함에 이르는 열매를 맺고 죄로부터 해방되어 의의 종이 되어 영생의 축복을 누리기 때문이다. 율법은 사람이 살아갈 동안에만 필요한 구원의 도구다.

그러나 죄가 기회를 타서 계명으로 말미암아 내 속에서 온갖 탐심을 이루었나니 이는 율법이 없으면 죄가 죽은 것임이라 전에 율법을 깨닫지 못했을 때에는 내가 살았더니 계명이 이르매 죄는 살아나고 나는 죽었도다 생명에 이르게 할 그 계명이 내게 대하여 도리어 사망에 이르게 하는 것이 되었도다(롬 7:8~10).

사람들은 율법적인 생활을 하면 죄에서 자유롭게 될 것으로 생각을 하지만 율법으로 인해 죄가 더 많아진다는 것을 깨닫고 죄의식만 높아졌다. 또한 세상 죄로부터도 벗어나지 못하고 여전히 죄 아래서 몸부림치며 살아갈 수밖에 없다. 분명히 율법은 거룩하고 의로우며 선하지만 죄의 무게를 더 무겁게 만들고 있다. 이는 신령한 율법이 죄를 더욱 드러나게 하고 사람을 죄인으로 만들기 때문이다. 거룩하게 살려고 노력하던 사도 바울은 자신이 원하는 대로 율법적인 삶을 살지 못하고 있는 것을 깨닫고 고민했다. 선한 삶에서 벗어나 세속의 미운 짓을 하고 있는 원인은 자신 안에 도사린 죄라는 것을 발견했다. 하지만 인간은 내 마음속에서 싸우는 선과 악의 문제를 해결할 수 있는 방법을 찾지 못해 고민을 한다. 영적 싸움을 육적 법으로 해결해보려고 노력을 하지만 역부족이다.

> 내 속 곧 내 육신에 선한 것이 거하지 아니하는 줄을 아노니 원함은 내게 있으나 선을 행하는 것은 없노라 내가 원하는 바 선은 행하지 아니하고 도리어 원하지 아니하는 바 악을 행하는도다 만일 내가 원하지 아니하는 그것을 하면 이를 행하는 자는 내가 아니요 내 속에 거하는 죄니라(롬 7:18~20).

죄악이 판치는 세상 안에서 사는 인간들의 마음속에는 선을 행하기 원하는 양심과 함께 죄악이 도사리고 있다. 사람들의 선한 마음은 하나님의 법을 즐거워하지만 악한 생각의 법은 수시로 죄를 짓도록 유혹한다. 선과 악의 법이 사람의 마음을 서로 사로잡고 차지하려고 줄다리기를 하고 있는 것이다. 이 현상은 세상의 삶 안에서 영과 육의 싸움으로 나타나 사람들을 고달프게 한다. 이런 우주적인 비밀은 하나님을 믿는 사람들만이 알 수 있는 양심에 의한 비밀이다.

> 오호라 나는 곤고한 사람이로다 이 사망의 몸에서 누가 나를 건져내랴 우리 주 예수 그리스도로 말미암아 하나님께 감사하리로다 그런즉 내 자신이 마음으로는 하나님의 법을 육신으로는 죄의 법을 섬기노라(롬 7:24~25).

법의 숲에서 벌어지고 있는 영적 싸움의 한복판에 팽개쳐진 인간의 신세는 불쌍하고 처량하다. 자신의 우주적인 위치를 모르고 선악의 놀음에 맹목적으로 덩달아 춤추고 있는 것은 끝을 모르는 비극이다. 목자가 없이 생과 사의 갈림길에서 헤매는 것은 죽음을 맛보는 것이다. 사랑의 하나님은 자비로우신 구원의 손을 내밀어 죄의 구덩이에서 죄인들을 붙잡아주시며 진리와 생명으로 이끌어주셨다. 하나님은 천지창조에 버금가는 놀라운 진리의 법으로 예수 그리스도의 십자가 구속의 은혜를 베풀어주셨다.

> 그러므로 이제 그리스도 예수 안에 있는 자에게는 결코 정죄함이 없나니 이는 그리스도 예수 안에 있는 생명의 성령의 법이 죄와 사망의 법에서 너를 해방하였음이라(롬 8:1~2).

사람들이 연약해서 지킬 수 없던 율법의 요구를 이루어주시려고 하나님은 독생자 예수 그리스도를 죄인의 육신을 입히고 이 세상에 보내주셨다. 십자가 보혈의 제물이 되신 예수 그리스도께서는 죽음의 권세를 깨뜨리시고 부활하시어 율법이 요구하는 것을 완성하셨다.

법의 숲에서 헤매던 인간들이 영과 육, 생명과 죽음, 사랑과 미움의 갈림길에서 어찌하지 못하고 통곡할 때 생명과 성령의 법으로 참자유를 주셨다. 이제 천국 백성답게 살아가며 영생의 나라에 들어갈 준비를 하고 있으면 된다. 하지만 아직은 그때가 아니다. 꼭 해야 할 일들이 많다.

우선, 영혼이 잘되는 복을 받았지만 육신은 악한 세상에서 그리스도의 날까지 살아가야 한다. 아직 법의 숲에서 진리를 찾아 헤매야 한다. 마귀가 악한 문화를 앞세워 죄악의 길로 다시 타락시키려고 파도처럼 덮치고 있다. 택함을 받은 성도는 내 믿음 하나만 지키거나 나 홀로 천국에 들어가겠다고 해서는 안 된다. 성령 안에서 그리스도의 법으로 주어진 사명과 책임이 막중하기 때문이다. 영혼이 죽어 악에 놀아나고 있는 사랑하는 이웃을 구원하고 썩어가는 세상을 선하게 변화시켜야 한다.

성경은 구습을 버리고 새사람을 입은 성도들은 육신의 생각이나 세상 일에서 벗어나 하나님의 말씀에 순종하며 천국의 일을 하라고 충고한다. 영적으로 구원의 축복 안에 들어왔지만 아직 세상에 미련이 남아 있고 미혹을 받을 위험이 크기 때문이다. 사람들 속에 하나님의 영이 거하시면 그리스도의 사람이 되고 육신의 미련에서 탈피하고 세상을 이길 수 있다. 그리고 하나님을 아버지로 모시고 상속받는 아들이 되는 축복을 누릴 수 있다.

03
기적으로 섭리하시는 구원의 법

홀로 큰 기이한 일들을 행하시는 이에게 감사하라 그 인자하심이 영원함이로다
지혜로 하늘을 지으신 이에게 감사하라 그 인자하심이 영원함이로다 땅을 물 위
에 펴신 이에게 감사하라 그 인자하심이 영원함이로다 큰 빛들을 지으신 이에게
감사하라 그 인자하심이 영원함이로다(시 136:4~7).

하나님의 기이한 일들

하나님은 기이한 법으로 이 세상을 경영하고 계신다. 사람들은 그것을
기적이라고 말한다. 하나님은 기이한 일을 행하시며 온 누리의 사람들
에게 창조주 하나님의 능력을 알리시고 계신다. 하지만 하나님의 기적
을 알지 못하는 세상 사람들은 우주 안에서 수시로 벌어지는 기적을 이
상한 눈으로 바라보고 있다. 죄로 영혼이 어두워지고 생각이 허망해진

인간의 입장에서 주변을 돌아보면 모든 것이 정상으로 보이지 않기 때문이다. 인간이 만든 진화론이나 철학, 종교가 진리를 왜곡하고 있는 세상에 길들여진 인간의 상식으로 보면 하나님의 기적이 정상으로 보이지 않는 것이 당연할 것이다.

기적(奇蹟), 또는 이적(異蹟)이라는 말은 인간의 지식이나 상식으로 이해할 수 없는 사건이나 행동을 말한다. 이상(異常)하다는 말은 사람들이 갖고 있는 일반적인 지식이나 이해력, 상식에서 벗어난 비정상적인 생각과 행동을 뜻한다. 또 보통과 다르고 바른 것에서 떠나 있는 것을 말한다. 죄인의 눈으로 보고 생각하는 것만이 정상이고 합리적이며 당연한 것으로 여겨지기 때문이다.

성경적인 상식으로 볼 때 정상이라는 의미는 온전함, 진리, 거룩함, 믿음, 소망, 사랑, 영원한 생명, 긍정, 선을 뜻한다. 비정상적이라는 말은 거짓, 불의, 죄, 음란, 탐욕, 죽음, 불신, 부정, 악을 뜻한다.

하나님께서는 인간의 철학적 생각이나 상식, 과학을 초월하는 일을 하실 때가 많다. 우주의 원동력인 자연 법칙을 만들어놓으시고도 그것을 제쳐두고 기상천외한 법으로 섭리하신다. 하나님의 뜻은 말씀이 되어 우주에 나타나고 놀라운 기적으로 질서 있고 정확하게 역사되고 있기 때문이다.

여호와 나의 하나님이여 주께서 행하신 기적이 많고 우리를 향하신 주의 생각도 많아 누구도 주와 견줄 수가 없나이다 내가 널리 알려 말하고자 하나 너무 많아 그 수를 셀 수도 없나이다(시 40:5).

영이신 하나님은 말씀으로 홀로 물리적인 하늘을 펴시며 바다 물결을 밟으시며 북두성과 삼성과 묘성과 남방의 밀실을 만드셨으며 측량할 수 없는 큰 일을, 셀 수 없는 기이한 일을 행하시고 계시다. 하나님이 만드신 우주 안에 존재하는 모든 자연이 있어야 할 곳에서 질서와 여러 법칙으로 빈틈없이 활동하고 있는 모습들을 자세히 살펴보면 놀라운 기적으로 경영되고 있는 것을 실감할 수 있다.

살아 움직이는 동식물들이 씨를 뿌리며 생육하고 번성하게 하시고 창조 마지막에 영혼을 가진 인간을 흙으로 만드시고 아들로 삼아 우주 만물을 맡아서 다스리게 하신 것은 큰 기적이다.

더욱 놀라운 것은 하나님의 말씀으로 생긴 우주가 예수 그리스도의 세계로 역사되다가 그 어느 날 다시 하나님께로 돌아간다는 것이다(롬 11:33~36).

구약 시대의 기적

하나님은 연약했던 이스라엘이 앞을 가로막는 적군과 싸울 때 모세가 손을 높이 들면 승리하는 기적으로 도와주셨다. 약속의 땅 가나안을 점령한 여호수아는 온전히 하나님의 기적으로 약속을 실현했다. 이방인이며 기생이었던 라합은 가나안을 정탐하던 이스라엘 사람을 숨겨주고 도와줌으로 자신과 가족을 살렸다. 라합은 예수 그리스도의 족보에 올랐고 믿음의 산 증인으로 칭송받고 있다.

하나님은 사사 시대에 기드온이 요구하는 양털의 시험에 응답하시고 적을 이기게 하셨다. 삼손에게는 머리카락에 능력을 주셨다. 이방 여인들릴라에게 속아 머리카락의 비밀을 누설하고 힘이 사라져 블레셋 사람에게 잡혀 두 눈이 뽑히고 맷돌을 돌리는 괴로움을 당했지만 삼손이 하나님께 구원을 호소하자 다시 힘을 주시고 건물의 두 기둥을 무너뜨리고 적을 다 죽이게 하셨다. 제사장 엘가나의 아내 한나가 소생이 없다고 번민하며 아들을 주시면 하나님께 드리겠다고 하소연하자 아들 사무엘을 주시고 선지자의 일을 하게 하셨다. 하나님은 사람들이 왕을 갖기 원하자 사울을 첫 왕으로 세워주셨다. 그러나 사울이 강적 아말렉과 싸우면서 제사장의 직분을 침범하는 등 불순종하자 그를 버리셨다.

이스라엘이 블레셋과의 싸움에서 위험한 상황에 놓이자 하나님은 양치기 소년 다윗을 부르셨다. 다윗은 "여호와의 구원은 칼과 창에 있지 않고 하나님의 손에 있다"고 선포하며 이스라엘을 모욕하던 적 블레셋의 장수 골리앗을 물맷돌로 물리쳤다. 승승장구하던 다윗은 사울 왕의 미움을 받았으나 하나님의 선택으로 사울의 뒤를 이어 이스라엘의 왕이 되고 시편을 지으며 하나님의 영광을 찬양했다. 하지만 다윗 역시, 부하인 우리아의 아내 밧세바와 간통을 한 후 밧세바가 임신하자 이 사실을 감추기 위해 우리아를 전쟁터에 보내 죽게 하였고 후궁 열 명을 별궁에 가두고 먹을 것만 주게 하는 등 하나님의 율법을 위반했다. 다윗은 말년에 예루살렘에 하나님의 성전을 건설하려고 물자가 풍부했던 이방인 두로의 히람 왕으로부터 건축 자료를 확보했으나 싸움터에서 피를 많이 흘리고 불륜을 저지른 전과로 인해 하나님으로부터 성전 건축을 허락받지 못했다.

다윗의 뒤를 이은 왕 솔로몬은 하나님께서 그에게 무엇을 해주길 원하는지 묻는 질문에 지혜를 달라고 요청했다. 하나님은 자신을 위해 부귀영화를 구하거나 원수를 멸해달라고 요청하지 않고, 이스라엘 백성들을 위한 지혜를 요구한 솔로몬을 가상히 여겨 지혜를 주셨을 뿐 아니라 다윗 시대보다 더 많은 부귀영화를 누리게 하셨다. 솔로몬은 하나님을 외면하는 두로의 히람 왕과 손잡고 건축 기술자와 백향목 등 건축 자재를 지원받아 하나님의 예루살렘 성전을 건축하고 언약궤를 그곳에 두었다. 에티오피아의 스바 여왕은 솔로몬 왕의 명성과 웅장한 성전의 소문을 듣고 찾아와 감탄하며 많은 향품과 보석을 진상품으로 드렸다.

하지만 호화로운 궁궐에서 살던 솔로몬 왕은 나이가 들면서 타락하기 시작했다. 하나님을 대적하는 모압, 암놈, 에돔, 시돈, 햇 등의 이방 나라의 여인을 후궁으로 삼았으며, 그들이 데려온 우상을 섬기는 것을 제지하지 않았다. 또 예루살렘 성전 앞산에 그모스의 신당을 짓고 제사를 드리는 것을 허용했다. 그러자 하나님의 진노로 어제의 우방들이 오늘의 적이 되는 현실이 나타나기 시작했다.

솔로몬이 죽고 나서 이스라엘은 남북으로 갈라지게 되고 서로 대적을 하게 된다. 그 후손들은 하나님과 줄다리기 신앙 속에서 많은 전쟁의 소용돌이를 겪으며 역사를 장식하게 된다.

하나님의 성전을 폐쇄했던 무능한 아버지 아하스 왕의 뒤를 이어 왕이 된 히스기야는 더럽혀졌던 성전을 정화하고 성전 문을 열었다. 하지만 히스기야는 동창이라고 추정되는 병에 걸려 거의 죽게 되었다. 그가 벽을 향하여 하나님께 자비를 베풀어달라고 통곡하며 간구하자 하나님께서 그의 기도를 들어주시고 그의 삶을 15년 연장시켜주셨다. 이때 태양이 10도 물러가는 기적이 일어났다고 한다.

이후에도 하나님께서는 여러 왕들을 통해 이스라엘의 역사 속에서 그분의 능력과 기적을 보여주셨으며, 이사야, 엘리야, 엘리사, 요나 등의 선지자들을 통해서 수많은 역사와 기적을 체험하게 하셨다.

신약시대 기적의 역사

구약 시대의 기적의 역사가 대부분 왕들과 선지자들을 중심으로 일어났다면 신약의 역사는 사람의 몸을 입고 오신 예수 그리스도를 통해 이루어졌다.

태초에 말씀이 하나님과 함께 계셨다. 우주를 창조하신 말씀이 사람의 몸을 입고 이 세상을 구원하시려고 이 땅에 오셨는데 그분이 바로 예수 그리스도시다. 예수 그리스도는 동정녀 마리아에게서 성령으로 잉태하는 기적으로 인류를 찾아주셨다. 그러나 어두운 곳에 사는 사람들은 참빛으로 오신 메시야를 알아보지 못했다. 예수 그리스도는 하나님께 죄를 지은 인류를 구원하시기 위해 십자가에서 제물이 되어 죽으셨다. 하지만 3일만에 사망 권세를 깨뜨리시고 부활하시고 생명과 진리의 길을 열어주시고 영원한 천국으로 초청해주셨다. 생명의 주 예수 그리스도는 농부 하나님의 아들이면서 인류를 구원하시는 포도나무가 되신다. 하나님께 죄를 짓고 버림받은 돌포도나무가 된 우리들 이방인을 접붙임이라는 놀라운 영농 기술로 참포도나무가 되어 구원을 얻도록 해주셨다.

그리스도 예수께서는 스스로 그리스도가 되심을 입증하고 믿게 하시려고 인간의 상식이나 자연의 법을 초월하는 많은 기적을 보여주셨다. 때가 되어 공생애를 사시면서 요단 강가에서 요한으로부터 세례를 받으실 때 하늘이 열리고 머리 위에 성령이 비둘기처럼 임하심을 보셨고 하나님께로부터 "이는 내 아들이요 기뻐하는 자라"라는 말씀을 들으셨다. 광야에서 40일을 금식하실 때 마귀의 시험을 받으셨지만 이를 말씀으로 물리치고 이기셨다. 어부 베드로 등 제자를 부르신 예수 그리스도는 "때가 찼고 천국이 가까웠으니 회개하고 복음을 믿으라"고 선포하신 다음 "나는 가난한 자에게 복음 전하고 포로 된 자에게 자유를, 눈 먼 자에게 다시 보게 하고 병든 자들을 고치고, 잃은 양 한 마리를 찾으러 왔다"고 말씀하셨다.

예수 그리스도의 기적은 그분의 말씀과 병 고침의 은사를 통해 드러난다. 의사나 약사가 아니신 데도 말씀으로 병든 자, 귀신 들린 자, 중풍병자 들을 고쳐주셨으며, 죽은 나사로를 살리시기까지 하셨다. 뿐만 아니라 천국 복음을 믿게 하시려고 인간의 상식으로 납득할 수 없는 수많은 하나님의 섭리를 모든 사람이 알기 쉬운 예화를 통해 들려주셨다. 예수 그리스도의 생활은 기적의 연속이었다.

하지만 예수께서 보여주신 가장 큰 기적은 바로 우리의 죄를 대신해서 십자가에 못 박혀 죽으신 구속의 사역이다. 이 세상을 사랑하시고 구원하시는 예수 그리스도는 그 사랑을 확증하시기 위해 온 인류의 죄를 사하시는 제물이 되셔야 했다. 성경에 기록됨과 같이 도살장으로 끌려가는 어린 양이 되어 중죄인처럼 십자가의 사형을 당하셔야 했다. 하나님께 죄를 지은 인간의 속죄를 위해 정하신 하나님의 법에 순종하셔야만 했다. 홍포를 입고 가시 면류관을 쓰시고 채찍에 맞고 십자가의 형틀에 손과 발을 못에 박히시고 죽어야 했다.

하지만 예수께서는 죽은 지 3일 만에 다시 살아나셨고 제자들 앞에 나타나 자신의 부활을 증명하셨다. 그리고 하늘로 다시 오르신 후, 오순절 마가의 다락방에서 성령의 역사로 다시 오셔서 오늘날의 우리와 함께, 우리의 삶을 주관하고 계신다.

"오직 성령이 너희에게 임하시면 너희가 권능을 받고 예루살렘과 온 유대와 사마리아와 땅 끝까지 이르러 내 증인이 되리라 하시니라"(행 1:8) 고 설명하고 있다. 지금 그리스도의 복음이 땅 끝까지 전파되고 이스라엘 일부에도 복음이 들어가고 있다. 아직 복음이 믿음으로 나타나기까지는 갈 길이 멀지만 그 어느 때 이스라엘이 회개하고 예수 그리스도를 주님으로 모시는 날이 다가올 것이다.

어떤 사람은 이 시대에는 기적이 사라졌다고 말한다. 하지만 지금도 하나님의 기적은 곳곳에 나타나고 있다. 기적을 체험한 많은 성도들이 이를 간증하고 있다.

하나님의 기적은 사랑으로

예수께서 이르시되 네 마음을 다하고 목숨을 다하고 뜻을 다하여 주 너의 하나님을 사랑하라 하셨으니 이것이 크고 첫째 되는 계명이요 둘째도 그와 같으니 네 이웃을 네 자신 같이 사랑하라 하셨으니 이 두 계명이 온 율법과 선지자의 강령이니라(마 22:37~40).

법의 숲은 사랑으로 충만하다. 하지만 사람들은 그 사랑을 찾으려고 노력하면서도 만나지 못해 지쳐가고 있다. 하나님이 베푸시는 기적은 사랑으로 나타나고 있다. 하나님의 사랑으로 복음이 전파되는 곳에 기적이 일어나고 있다. 예수 그리스도께서는 충성하는 성도를 기적으로 도우시며 기적을 창출하는 사랑의 계명을 주셨다. 율법으로 어찌할 수 없는 구원의 문제를 법적 논리가 아닌 사랑으로 해결해주셨다. 사랑은 하나님의 속성이며 진리의 통로이고 생명의 종착역이기 때문이다. 사랑의 계명은 인간이 소망하는 모든 것을 압축하고 성취하도록 하는 우주의 원리다. 생명, 재물, 명예, 건강, 축복은 사랑이 없으면 설 자리를 잃고 헤맬 수밖에 없다. 사랑은 마음을 먹었다고 할 수 있는 것이 아니고 진실하게 실천해야 그 존재를 나타낸다. 은혜와 긍휼과 평강은 진리이신 그리스도 예수님의 사랑으로 하나님의 아들이 되어 신의 성품을 갖게 되고 천국의 기쁨을 누릴 수 있다.

사랑은 하나님의 영광 안에 가득한 선이다. 성경은 생명을 사랑하려는 욕구를 찾게 하는 빛이며 길라잡이다. 사랑은 허다한 죄를 덮어주고 원수를 용서하게 만든다. 사랑에는 공포나 두려움이 없다. 그것은 최고의 선이기 때문이다. 사랑에는 속박이나 의혹이 없다. 그것은 진리이며 참자유이기 때문이다. 사랑은 인생의 앞쪽이고 죽음은 뒤쪽이며 사랑은 창조로 나타나 하늘의 비밀을 깨닫게 하고 땅의 은밀한 일을 설명해준다. 사랑은 다른 사람의 행복이 자신의 행복에 필수되는 상태를 말하며, 참다운 사랑을 하다가 죽는 것은 순교다. 우주 안에서 사랑을 아는 피조물은 인간뿐이다. 사랑은 다른 사람이 나에게 그렇게 해주기를 바라는 것을 내가 먼저 해주는 것이다.

하나님을 믿지 않거나 믿을 수 없는 사람은 참다운 사랑을 알 수 없다. 우리가 사랑함은 하나님이 먼저 우리를 사랑해주셨기 때문이다. 하나님은 사랑이시기에 사랑 안에 거하는 자들은 하나님 안에 거한다.

04

예정된 기적을 만나게 하는 예비된 기회

여호와를 의지하고 교만한 자와 거짓에 치우치는 자를 돌아보지 아니하는 자는
복이 있도다 여호와 나의 하나님이여 주께서 행하신 기적이 많고 우리를 향하신
주의 생각도 많아 누구도 주와 견줄 수가 없나이다 내가 널리 알려 말하고자 하
나 너무 많아 그 수를 셀 수도 없나이다(시 40:4~5).

하나님은 예정된 놀라운 기적을 만나도록 하시기 위해 많은 기회를 예비
해주셨다. 법의 숲에는 무수한 기적과 기회가 그 모습을 드러내지 않고
무수히 깔려 있다.

성경은 "하나님은 헤아릴 수 없이 큰 일을 행하시며 기이한 일을 셀 수
없이 행하시나니"(욥 5:9)라고 하나님이 하시는 모든 일이 이적과 기적이
라고 밝히고 있다. 시간의 흐름 속에서 성장하는 역사는 예정된 기적을
찾아내는 기회의 연속을 기록하고 있다. 이 기적은 기회로 말미암아 그

모습을 역사의 흐름 속에 나타내 보이고 있는 것이다. 하지만 사람들은 기적을 만날 기회가 많지만 기적을 알지 못하고 또 그 기회를 만나도 모르고 지나치는 일이 많다.

> 측량할 수 없는 큰 일을, 셀 수 없는 기이한 일을 행하시느니라 그가 내 앞으로 지나시나 내가 보지 못하며 그가 내 앞에서 움직이시나 내가 깨닫지 못하느니라 (욥 9:10~11).

삶 속에서 수시로 만나는 기회를 활용해 기적을 내 것으로 만드는 사람을 우리는 성공한 사람이라고 말한다. 기회는 어떤 일을 해나갈 때 가장 효과적으로 기적을 만나게 해주는 길동무다. 누구나 시도 때도 없이 환경을 초월하여 기적을 만나지만 좋은 기회가 함께해주지 않으면 헛수고를 하기 쉽다. 기회는 확실한 목적의식을 가지고 소망하는 것을 준비하고 있는 사람에게 좋은 기적을 만나게 하고 성공을 안겨준다.

인생은 누구나 기적을 만날 수 있는 기회가 세 번씩 주어진다고 말한다. 그 기회들은 선과 악 그리고 생명과 죽음이라는 밑그림 위에서 주어져 있으며 기적과 연결시켜주려고 하지만 그 성공 여부는 가늠할 수 없다. 그것들의 상당 부분은 인간의 자유의지와 지정의에 의한 영향을 받고 있고 그 성취의 보장은 하나님의 뜻에 달려 있기 때문이다.

첫 번째 기회: 이 세상에 태어난 것이다. 예수 그리스도를 믿음으로 예정된 구원을 얻고 하나님의 성품을 갖고 소망하는 영생의 나라에 갈 수 있다. 성령으로 충만하고 온유하고 거룩한 삶을 살아간다.

두 번째 기회: 믿음생활을 하면서도 육적인 세상의 환경 안에서 좋은

기회를 만나 기적과 같은 성공적인 삶을 살아간다. 좋은 결혼 상대나 이웃을 만나고 빛과 소금이 되어 세상을 아름답게 변화시킨다. 성령의 열매를 맺는 기쁨으로 살아간다.

세 번째 기회: 전적으로 자기의 지혜와 노력과 조건으로 기적을 만들려고 한다. 능력 있는 부모를 만나 잘 살거나 세상에서 만나는 좋은 기회를 잡고 자수성가한다. 하지만 그 성공 신화 과정에서 교만하고 아집이 강해지기 쉽고 적을 많이 만들어 언젠가는 무너지는 사람들이 있다.

> 내 아들아 나의 법을 잊어버리지 말고 네 마음으로 나의 명령을 지키라 그리하면 그것이 네가 장수하여 많은 해를 누리게 하며 평강을 더하게 하리라 인자와 진리가 네게서 떠나지 말게 하고 그것을 네 목에 매며 네 마음판에 새기라 그리하면 네가 하나님과 사람 앞에서 은총과 귀중히 여김을 받으리라(잠 3:1~4).

인생살이 안에서 누구나 알게 모르게 만나는 기회는 충분히 준비하고 기다리는 능력이 있는 사람의 눈에 잘 띄기 마련이다. 용기 있는 사람이 찾아온 기회를 잡을 수 있다. 지혜로운 사람이 주어진 기회를 잘 활용해 성공한다. 하지만 육적인 노력이나 좋은 환경이나 운에 따라 만나는 기회들은 아침에 피었다가 저녁이 되면 시드는 꽃과 같은 한시적인 것들이라는 것을 알아야 한다. 적지 않은 성도들은 하나님이 기적을 베풀어주시기 위해서 주시는 기회를 만나면서도 모르고 그냥 지나쳤다가 오랜 세월이 지난 다음에야 하나님이 자신도 모르는 사이에 기적을 베풀어 보호하고 인도하셨다는 것을 깨닫고 감사의 눈물을 흘린다.

기적과 기회는 영과 육의 세계를 넘나든다. 그 모양이나 나타나는 상황도 다양하다. 진리와 거짓이 있고 참된 것과 헛된 것이 있다. 제때 바르게 붙잡지 않으면 독수리처럼 날아가는 속성이 있다. 거룩한 삶 속에서 믿음의 눈으로 바라보고 지혜롭게 잡아, 내 것으로 만들어야 성공의 기쁨을 즐길 수 있다.

성경은 하나님이 베풀어주시는 기적과 기회는 성도가 믿음으로 그 은혜와 축복을 감사할 때 유효하게 생활화할 수 있다고 알려준다. 또 하나님의 씨 뿌리는 우주 경영 법칙 안에서 성실히 영농할 때 풍성한 열매를 맺는다고 말한다.

기적으로의 통로, 사랑의 징계

주께서 그 사랑하시는 자를 징계하시고 그가 받아들이시는 아들마다 채찍질하심이라 하였으니 너희가 참음은 징계를 받기 위함이라 하나님이 아들과 같이 너희를 대우하시나니 어찌 아버지가 징계하지 않는 아들이 있으리요 징계는 다 받는 것이거늘 너희에게 없으면 사생자요 친아들이 아니니라(히 12:6~8).

하나님은 죄인들이 사랑을 만나는 통로에 징계를 마련해두셨다. 미완성의 사랑 타령을 하는 인간들을 온전한 사랑으로 인도하시려고 영농의 법칙을 활용하고 계신다. 영원한 생명과 복을 주시기 위해 사랑의 채찍질을 하시고 징계하시며 말씀으로 훈계하신다. 성경은 "우리 육신의 아버지가 우리를 징계해도 공경하였거든 하물며 모든 영의 아버지께 더욱 복종하여 살려 하지 않겠느냐"고 말한다. 하나님은 잠시 자기의 뜻대로 우리를 징계하시며 사랑의 매를 통한 기적으로 우리를 하나님의 거룩함에 참예하게 하신다.

인간들이 법의 숲 속에서 만나는 죄악으로 인한 질병, 고통, 괴로움, 갈등, 실패, 좌절, 온갖 시험 등은 태반이 믿음을 얻게 하시려는 하나님의 징계와 채찍질일 때가 많다. 그것을 깨닫는 것이 기적을 만나는 기회다. 성경은 우리에게 무릇 징계가 당시에는 즐거워 보이지 않고 슬퍼 보이나 후에 그로 말미암아 연단받은 자들은 의와 평강의 열매를 맺는다고 귀띔을 하고 징계를 받을 때의 피곤을 이기고 굳게 일어나 진리와 말씀과 성령의 법으로 고침을 받으라고 충고한다. 징계받을 때 그 원인이되는 악의 뿌리인 돈이나 안개와 같은 명예, 탐욕을 사랑하지 말라고 경고한다.

이상한 사람들이 공존하는 이상한 세상

> 이러함에도 그들은 여전히 범죄하여 그의 기이한 일들을 믿지 아니하였으므로 하나님이 그들의 날들을 헛되이 보내게 하시며 그들의 햇수를 두려움으로 보내게 하셨도다 하나님이 그들을 죽이실 때에 그들이 그에게 구하며 돌이켜 하나님을 간절히 찾았고 하나님이 그들의 반석이시며 지존하신 하나님이 그들의 구속자이심을 기억하였도다 그러나 그들이 입으로 그에게 아첨하며 자기 혀로 그에게 거짓을 말하였으니 이는 하나님께 향하는 그들의 마음이 정함이 없으며 그의 언약에 성실하지 아니하였음이로다(시 78:32~37).

외눈박이 원숭이 마을에 두 눈을 가진 원숭이가 이민을 왔다. 외눈박이들은 두 눈을 가진 원숭이를 이상하다고 따돌리며 괴롭혔다. 오랜 시간이 흐르면서 두 눈 가진 원숭이는 자기가 비정상적이라고 여기게 되었다. 그래서 한쪽 눈을 빼버리고 말았다.

미지의 법의 숲인 이 세상에는 세 종류의 이상한 법에 매여 사는 이상한 사람들이 있다.

첫 번째 이상한 사람들

예수 그리스도의 복음을 듣고 구원받고 하나님의 사랑을 믿고 스스로 죄인임을 뉘우치고 성령으로 거룩하게 변화된 사람들이다. 험한 세상 안에서 미지의 천국을 소망하면서 핍박과 고난 중에 복음을 전파하며 살아간다. 생과 사의 갈림길이 되는 그리스도의 심판을 앞두고 사랑으로 성령의 열매를 맺으려고 열심히 준비하는 성도들이다. 악한 세상에 길들여진 사람들은 세상의 안일함과 정욕을 버리고 사는 성도를 이상한 사람으로 본다. 더구나 교회의 지체가 되어 어려운 이웃을 도와주고 헌신하며 봉사하는 것을 보고 불쌍한 사람이라고 여기기도 한다.

두 번째 이상한 사람들

영과 육의 세계를 인식하고 창조주 하나님을 찾으려고 종교, 철학의 세계에서 방황하고 있다. 자연 안에서 우상을 만들거나 좁은 인간의 사상으로 신앙의 대상을 만든다. 신념은 강하지만 그 결국에 대해서는 무책임하고 생명에 대한 애착이 강하다. 진리와 사랑에 무식하고 생사관이 애매하고 진실한 역사를 깨닫지 못하고 있다. 하지만 이상한 일을 당연하게 여기고 고집스럽게 이상한 일에 매달려 살아간다. 이들은 주로 종교를 바탕으로 철학적 사상이나 이념으로 굴복시키려 하고 전통과 문화를 동질화하려고 강요하기도 한다.

세 번째 이상한 사람들

자신의 능력을 맹목적으로 믿으며 삶의 참 가치관을 무시하고 살아가는 사람들이다. 한시적인 삶의 보상을 문화 안에서 받기 위해 삶의 질을 향상시키려고 노력한다. 미지의 대상을 섬기는 신앙심을 갖는 것을 번거롭게 생각하기도 한다. 이들은 죽음은 어쩔 수 없는 자연 현상이며 모든 생물은 다 죽어서 소멸하는 우주의 소모품으로 생각한다. 이 세상에 미련이 많은 이들은 자기가 이루어놓은 재산과 업적을 무덤 속에까지도 갖고 가기를 원하지만 죽을 때 자신의 무능을 깨닫고 통한의 눈물을 흘리는 사람들이다. 인간 지성과 이념과 철학으로 진리를 탐구하겠다고 발버둥치면서 헛된 진화론에 속아 자신이 어떤 존재인지조차 모르고 살다 죽는 사람들이다. 생명의 진실을 찾으려고 우상을 섬기며 기복 신앙으로 불법의 종교와 철학을 붙잡고 산다. 하나님이 창조주가 되심과 진리와 생명이신 그리스도를 알지 못하고 헛된 꿈속에서 노닐다가 이 세상을 떠날 때 허무함을 깨닫고 후회한다.

이들은 서로를 잘못된 사람으로 여기며 대립하면서 자기의 주장을 따르라고 강요하거나 패거리에 끌어들이려고 갈등을 일으키고 있다. 또한 서로 자기네는 정상적이지만 상대가 이상하게 생각하고 비정상적인 행동을 한다고 주장한다.

> 그러나 이 사람들은 본래 잡혀 죽기 위하여 난 이성 없는 짐승 같아서 그 알지 못하는 것을 비방하고 그들의 멸망 가운데서 멸망을 당하며 불의의 값으로 불의를

당하며 낮에 즐기고 노는 것을 기쁘게 여기는 자들이니 점과 흠이라 너희와 함께 연회할 때에 그들의 속임수로 즐기고 놀며 음심이 가득한 눈을 가지고 범죄하기를 그치지 아니하고 굳세지 못한 영혼들을 유혹하며 탐욕에 연단된 마음을 가진 자들이니 저주의 자식이라(벧후 2:12~14).

이 세상의 지배력을 쥔 마귀는 어리석은 인간들을 하나님과 이간시키기 위해 간계를 부리고 타락시켜 죄악의 노리개로 묶어두려고 한다. 말을 그럴듯하게 하며 간계를 부리는데 종교 갈등을 문화 충돌로 발전시키며 이상한 영적 싸움을 부추기고 왜곡된 철학과 종교에 매여 지치게 만든다.

피비린내 나는 영적 싸움이 치열해지고 있는 이 세대는 누가 이상한 사람인지 판별할 수 없는 지경에 놓여 있다. 누구나 죄의 짙은 안개 속에서 벌어지고 있는 영적 전쟁 아래서 서로 이상한 사람으로 보며 정당성을 내세워 굴복시키려고 발버둥치고 있는 것이다.

05

복음은 사랑의 기적을 전파하는 것

교회를 통해 전하시는 복음의 메시지

> 하나님이여 우리가 주께 감사하고 감사함은 주의 이름이 가까움이라 사람들이
> 주의 기이한 일들을 전파하나이다(시 75:1).

갈 곳을 모르고 헤매는 법의 숲 속에서 나는 하나님 없이도 살아갈 수
있다고 자신 있게 큰 소리로 외칠 수 있는 사람이 얼마나 될까? 하늘을
우러러 한 점 부끄러움이 없이 살았다고 장담할 수 있는 사람이 있을까?
회개하지 않고 눈을 감으며 죽음을 맞이할 수 있는 사람이 얼마나 될까?

　지렁이 같은 이상한 인생들을 구원하시는 하나님의 사랑과 그리스도
의 은혜는 너무나 크다. 하나님은 우리들이 작은 믿음을 성숙하게 영농
하며 살아가는 모습을 즐거워하시고, 온갖 기도에 응답해주시고, 축복

해주신다. 그리스도의 복음으로 말미암아 변화를 받아 진리와 생명의 정상으로 돌아오리라고 고대하고 계신다.

하지만 온전하고 영원한 생명으로 인도하는 그리스도의 복음 전파가 활발해질수록 저항도 커지고 핍박과 환란도 많아진다. 그것은 생명과 사망의 간극이 너무나 커서 그 해답을 찾기가 어렵기 때문이다. 율법으로 어찌할 수 없는 것을 사랑의 하나님께서 진리의 예수 그리스도로 말미암아 해결해주시고 계시지만 마음이 어둡고 거짓된 눈으로 인해 보지 못하고 있다. 인간의 능력으로 어찌할 수 없는 죽음의 문제를 복음으로 속 시원히 풀어주시지만 귀가 막혀 듣지 못하고 있다.

지금 하나님께서 교회를 통해 그리스도의 복음을 널리 전파하게 하고 계시지만 세상은 그 생명의 은혜를 잘 받아들이려고 하지 않는다. 하나님의 뜻에서 벗어나 비정상적으로 살아가고 있다는 것을 깨닫고 이상하게 생각하며 고민하는 사람들을 찾아보기 힘든 세대다.

> 누구든지 주의 이름을 부르는 자는 구원을 받으리라 그런즉 그들이 믿지 아니하는 이를 어찌 부르리요 듣지도 못한 이를 어찌 믿으리요 전파하는 자가 없이 어찌 들으리요 보내심을 받지 아니하였으면 어찌 전파하리요 기록된 바 아름답도다 좋은 소식을 전하는 자들의 발이여 함과 같으니라 그러나 그들이 다 복음을 순종하지 아니하였도다 이사야가 이르되 주여 우리가 전한 것을 누가 믿었나이까 하였으니 그러므로 믿음은 들음에서 나며 들음은 그리스도의 말씀으로 말미암았느니라(롬 10:13~17).

믿음은 들음에서 나고 들음은 그리스도의 말씀에 의해 전달된다. 하지만 세상 사람들은 이 말씀을 받아들이려 하지 않고 이유 없는 거부반응을 보인다. 이상한 세상에서 맹목적으로 살아가거나 우상에게 사로잡힌 사람들을 그리스도의 생명의 혼인 잔치에 초대하는 일은 결코 쉬운 일이 아니다. 막강한 세상 권한을 가진 마귀의 반발과 저항이 거세기 때문에 고난을 당할 수 있다.

성경은 "너희 염려를 다 주께 맡기라 하나님께서 돌보신다"고 약속했다. 그리고 환란 중에도 즐거워하고 성령 안에서 인내하며 연단을 잘 감당하면 소망을 이루고 하나님의 사랑이 함께하신다고 위로한다.

생육하고 번성하라 하신 창조의 목적은 진리 안에 사는 것이다. 세상의 불법 아래서 종노릇하며 향락의 문화에 탐닉하고 있는 세상을 복음으로 변화시켜 정상적으로 살며 하나님이 주시는 만복을 누리도록 도와주어야 한다. 구원의 핏값으로 사신 그리스도의 제자로서 해야 할 사명을 확신해야 한다. 그리스도께로 자란 믿음으로 사랑의 계명을 실천하며 불의를 미워하고 구원의 복음을 전파해야 한다.

> 할렐루야 여호와께 감사하라 그는 선하시며 그 인자하심이 영원함이로다 여호와를 찬송하라 누가 능히 여호와의 권능을 다 말하며 주께서 받으실 찬양을 다 선포하랴 정의를 지키는 자들과 항상 공의를 행하는 자는 복이 있도다 여호와여 주의 백성에게 베푸시는 은혜로 나를 기억하시며 주의 구원으로 나를 돌보사 내가 주의 택하신 자가 형통함을 보고 주의 나라의 기쁨을 나누어 가지게 하사 주의 유산을 자랑하게 하소서(시 106:1~5).

복된 소리는 생명이며 참사랑으로 인도하는 인생의 길라잡이다. 내 생명을 사랑하고픈 사람은 복음의 소중함을 감사해야 한다. 복음 안에서 내 생명을 찾아야 하기 때문이다. 내 가족, 내 이웃을 사랑하는 마음의 기초를 그리스도의 복음에 두어야 한다. 복음 전파는 하나님의 사랑을 경영하는 영적 기업의 본질이다. 하나님과 동행하는 성도가 마땅히 감당해야 할 사명이다.

법의 숲은 변화하는 곳

> 너희는 이 세대를 본받지 말고 오직 마음을 새롭게 함으로 변화를 받아 하나님의 선하시고 기뻐하시고 온전하신 뜻이 무엇인지 분별하도록 하라(롬 12:2).

세상의 숲이 사계절을 초록의 나무 잎을 입고, 분홍색 꽃을 피우고, 울긋불긋 단풍으로 치장을 하고, 하얀 눈꽃으로 장식하듯 인생의 법의 숲도 세월을 따라 변화해나가고 있다.

생육하고 번성하라 하신 하나님의 뜻 안에서 인간의 생각과 삶은 본능적으로 끊임없이 변화해나가야 한다. 죄로부터 탈출하려는 신앙심과 삶 안에서 하나님의 씨 뿌리는 우주 경영 법칙 아래 살아가는 영농의 모습들이 모두 변화의 과정을 밟고 있는 것이다.

변화에는 영과 육의 비밀스러운 양면의 섭리가 있다. 영적 변화는 그 옛날 에덴동산에서 생명을 잃고 죽음으로 변질된 인생들이 그리스도의 세계 안에서 다시 생명으로 구원을 받아 변화하고 있는 것을 말한다. 성경은 "누구든지 그리스도 안에 있으면 새로운 피조물이라 이전 것은 지나갔으니 보라 새 것이 되었도다"(고후 5:17)라고 밝히고 있다.

육적 변화는 영농의 법칙 아래 태어나 성장하며 살다 죽어야 하는 변화의 모습을 뜻한다. 또 우주 만물이 죄 아래서 그 존재의 모양과 상황이 변동하는 것을 말한다. 물리적 변화는 재창조를 시도하거나 새로운 것으로 탈바꿈하는 것이 아니다. 본질 안에서 발견되거나 경영되는 모습을 보이는 것이다.

변화는 치유의 섭리

> 주께서 유다를 온전히 버리시나이까 주의 심령이 시온을 싫어하시나이까 어찌하여 우리를 치시고 치료하지 아니하시나이까 우리가 평강을 바라도 좋은 것이 없고 치료 받기를 기다리나 두려움만 보나이다 여호와여 우리의 악과 우리 조상의 죄악을 인정하나이다 우리가 주께 범죄하였나이다 주의 이름을 위하여 우리를 미워하지 마옵소서 주의 영광의 보좌를 욕되게 마옵소서 주께서 우리와 세우신 언약을 기억하시고 폐하지 마옵소서(렘 14:19~21).

영적 변화는 하나님의 사랑에서 탕자처럼 버림받아 죄라는 병으로 죽게 된 인간을 회개로 치료해 구원을 얻는 것을 말한다. 하지만 인간들은 하나님의 구원의 방법인 변화의 섭리를 잘 이해하지 못하고 살아가며 온갖 우상을 통해 해결하려고 노력한다.

성경은 "주여 사람이 사는 것이 이에 있고 내 심령의 생명도 온전히 거기에 있사오니 원하건대 나를 치료하시며 나를 살려주옵소서 보옵소서 내게 큰 고통을 더하신 것은 내게 평안을 주려 하심이라 주께서 내 영혼을 사랑하사 멸망의 구덩이에서 건지셨고 내 모든 죄를 주의 등 뒤에 던

지셨나이다"(사 38:16~17)라고 눈물로 회개의 기도를 하며 도우심을 간구하라고 권고한다.

하나님께서 치유하시며 구원하시는 변화에 동참하는 성도는 그리스도의 사랑의 계명이 변화시키는 양약이 되고 사랑의 실천으로 치유받게 하신다는 것을 알아야 한다. 그리스도의 구원의 치료를 받아 변화한 성도는 그 은혜를 이웃에게 선전하고 영적 축복의 변화에 동참하도록 권고한다. 악에서 선으로, 죽음에서 생명으로, 저주에서 축복으로, 미움에서 사랑으로, 멸망에서 구원으로 변화시키는 복음을 전파하는 성도는 예수 그리스도의 십자가 보혈로 치료하는 선교사들이다.

믿음의 변화는 사랑의 열매를 맺고 생명으로 통일을 이루는 사랑의 완성에 동참하게 한다.

제**3**부

미래를
바라보는
예측의
법칙

LAW

01

하나님의 창조 섭리와 영농 법칙

사랑을 추구하며 신령한 것을 사모하되 특별히 예언을 하려고 하라(고전 14:1).

창조신학연구원에서는 성령의 특별하신 감동을 받아 창조신학 이론 '하나님의 씨 뿌리는 우주 경영 법칙'에 이어 '미래를 바라보는 예측의 법칙'을 연구하고 있다. 법의 숲을 헤치며 지나온 세월을 돌이켜보며 미래를 내다볼 때가 된 것이다. 앞으로 성도의 믿음 생활의 뿌리가 되는 '영성으로의 초대'를 새 이론으로 연구할 계획이다.

　하나님의 씨 뿌리는 우주 경영 법칙은 만물이 주께로부터 나와서 주께로 돌아간다는 자연 질서 법칙의 말씀(롬 11:33~36)을 기초로 하나님께서 농부의 마음으로 우주를 창조하시고 심고 가꾸고 수확하는 영농의 원리로 섭리하시는 뜻을 깨닫게 한다. 그리고 사랑의 계명(마 22:38~40)과 씨 뿌리는 비유(마태복음 13장)와 포도나무의 비유(요한복음 15장)의 말씀을 좇아 인간들이 자신의 우주적인 생존와 그 사명이 무엇이며 어떻게 인생 경영을 하며 살아가야 할 것인지를 깨닫게 한다. 이는 우리가 알지 못하는 미래에 대한 확신을 주는 이론이다.

목적을 알지 못하고 헤매는 인생들이 살아가는 법의 숲에서 필요한 것이 예지의 능력이다. 미래를 바라보는 예측의 법칙은 영원부터 영원으로 흘러가는 시공 안에서 죄로 인해 안개처럼 잠시 머물다 가는 인생들이 불확실한 현실에서 미래에 일어날 일에 대한 불안감을 감소시키고 험한 파도에 대처하는 능력을 제공해줄 것이다.

이 창조신학 이론은 자연 질서 안에 감춰진 하나님의 예정하시고 예비하신 뜻과 그 섭리의 법을 믿음으로 마음에 새기고 또 성경에 계시된 말씀 안에 숨어 있는 비밀을 캐내어 진리로 다가가기 위해 마련한 것이다.

성경은 청지기 제사장으로 부르심을 받은 우리에게 주신 "은혜대로 받은 은사가 각각 다르니 혹 예언이면 믿음의 분량대로"(롬 12:6) 하라고 충고한다.

예언과 예측은 다르다. 예언은 하나님의 택하심을 받은 선지자가 계시된 진리를 전달해주는 것이다. 예언의 기반은 성경에 나타난 것을 믿음으로 받아들이는 것이다. 예측은 미래에 대한 궁금증을 알려고 하는 노력이며 예견이다. 자연 질서의 법칙과 성경의 예언을 토대로 미래에 이루어질 일들을 미리 짐작해보는 것이다.

예언과 예측과 비슷한 성령의 기능에 방언이 있다. 방언은 습득한 일이 없는 언어를 무아의 상태에서 말하는 것을 뜻한다. 성령의 은사로서 통역이 필요할 때가 있다. 방언은 예언하는 것이 아니라 하나님과 기도로 교통하는 도구다. 하지만 미래에 일어날 일을 예측하는 방법적인 기능도 갖고 있다.

> 그러나 예언하는 자는 사람에게 말하여 덕을 세우며 권면하며 위로하는 것이요 방언을 말하는 자는 자기의 덕을 세우고 예언하는 자는 교회의 덕을 세우나니 나는 너희가 다 방언 말하기를 원하나 특별히 예언하기를 원하노라 만일 방언을 말하는 자가 통역하여 교회의 덕을 세우지 아니하면 예언하는 자만 못하니라 그런즉 형제들아 내가 너희에게 나아가서 방언으로 말하고 계시나 지식이나 예언이나 가르치는 것으로 말하지 아니하면 너희에게 무엇이 유익하리요(고전 14:3~6).

법의 숲에서 시간과 공간에 매여 사는 인간들은 어제 경험한 것을 과거로 흘려보내고 잡아둘 수 없는 현재 안에서 미지의 미래를 염려하며 살아간다. 과거에 체험했던 일들을 기억하고 통계로 만들어 오늘의 삶에 적용하며 실패를 방지하고 더 좋은 결과를 연출하려고 한다. 과거와 현재의 형편을 참작하여 미래를 예측하면서 장차 전개될 일에 대해 미리 대비하려고 한다.

> 혹 피리나 거문고와 같이 생명 없는 것이 소리를 낼 때에 그 음의 분별을 나타내지 아니하면 피리 부는 것인지 거문고 타는 것인지 어찌 알게 되리요 만일 나팔이 분명하지 못한 소리를 내면 누가 전투를 준비하리요 이와 같이 너희도 혀로써 알아 듣기 쉬운 말을 하지 아니하면 그 말하는 것을 어찌 알리요 이는 허공에다 말하는 것이라(고전 14:7~9).

예언과 예측은 천국을 소망하는 성도들의 삶에 꼭 필요한 일들이다. 이들은 내 인식의 기억 능력의 범위 안에서 밑거름이 되어 목적을 확실하게 해주고 진리로 인도하는 나침반이 되어줄 수 있기 때문이다. 우리는 생애에 겪었던 과거만을 확인할 수 있고 내가 직접 경험한 범위 안에서 현재를 인정할 수 있다. 미래는 하나님의 계시와 예언을 통해 알 수 있기 때문에 예언이 아닌 예측을 하며 유익한 상식으로 삼아 대비해야 한다.

성경에 감춰진 미래에 대한 예언의 비밀은 우주 안에 충만하다. 기독교의 원리인 믿음과 소망과 사랑의 섭리를 세상 역사의 흐름인 과거와 현재와 미래로 견주어보며 진실한 역사를 깨닫는 것도 바람직할 것이다.

성경 안에 감춰진 과거와 현재와 미래에 대한 증언을 살펴보자.

성경 안에 감추인 과거

성경 역사적인 과거

하나님 앞에 인간은 죄인이 되었다. 하나님은 인간 구원의 계획을 세우시고 예수 그리스도의 세계를 열어주셨다. 노아의 홍수와 방주로 인간을 징계하셨으며 아브라함을 선택하시고 믿음의 조상으로 삼으셨다. 또 출애굽 사건으로 인간 구원의 뜻을 분명히 보여주셨으며 율법을 주시고 구원의 길을 열어주셨다. 이스라엘 민족에게 젖과 꿀이 흐르는 가나안 복지를 주시고 사울 왕을 세워 군왕의 통치 시대를 열어주셨다. 다윗의 도성을 예루살렘 성으로 삼고 솔로몬 왕으로 하여금 하나님의 성전을 세우게 하셨다. 이스라엘 민족을 바벨론에 포로로 잡혀가게 하시고 70년 후 자유를 주셨다. 예루살렘성은 몇 번씩 무너지는 아픔을 겪었다가 끝내 무너지고 말았다.

하나님은 독생자 예수 그리스도를 사람의 몸을 입히고 구원자로 보내주셨다. 창조의 주가 되시는 예수 그리스도께서는 죽은 자를 살리고 가난한 자의 친구가 되어주시고 인간의 죄를 속죄하시기 위해 십자가 위에서 죽으시고 3일 만에 다시 부활하셨다. 그리고 보혜사 성령을 보내주시고 성도들을 돕게 하셨고 친히 교회의 머리가 되어 복된 소식을 널리 전파하라 하셨다. 베드로를 기리는 가톨릭교회가 세워지고 복음 전도가 활발해졌으나 교회가 부패하고 타락하자 개혁 교회가 탄생하도록 하셨다.

세상 종교의 역사

토속 신앙에서 불교와 유교가 생기고 기독교의 복음이 전파되면서 이슬람교와 가톨릭교회가 서로 유익한 자리를 찾이하려고 노력하며 종교 간의 분쟁이 곳곳에서 발생하고 있다. 뿐만 아니라 세상 모든 전쟁의 대다수가 종교로 인한 분쟁에서 비롯된다.

인류 역사의 과거

석기 시대를 거쳐 근대에 이르기까지 인간은 철학적 사고와 정치 이념의 갈등 속에서 과학과 산업을 서서히 부흥시켜왔다. 달리고픈 욕망이 마차와 자전거를 만들고 더 빨리 달리기 위해 자동차와 기차를 만들어냈다. 하늘을 날고픈 소망이 비행기를 만들었다. 달의 옥토끼를 그리워하던 마음이 인간을 로켓으로 달을 탐사하게 하고 우주 정복의 야욕을 부추기고 있다. 위성을 하늘 높이 띄워 우주를 관찰하고 있다. 인간의 지칠 수 없는 개발 욕망과 향상되고 있는 능력은 근대에 들어 더욱 활발해지며 과학과 산업을 발전시키고 있다.

과거의 문화는 역사의 흔적으로 바라본다. 과거 위에서 현재를 확인하는 역사의 속성 안에서 남겨진 유산을 통해 되돌아보는 향수이기도 하다.

성경에 감추인 현재와 미래

지금 이 땅 위에서는 사상과 종교 갈등이 극심해지고 있다. 하나님을 대적하는 이슬람교의 횡포는 무모한 폭탄 테러와 기독교 핍박으로 나타나 제3차 세계대전의 위험으로 치닫고 있다. 하지만 종교 대립의 위험 속에서 삶의 질을 높이려는 의지는 사상의 평준화를 촉구하고 공동의 평화를 갈망하게 하고 있다.

1, 2차 세계대전과 한국 전쟁 등 이념 대결과 분쟁이 꼬리를 물고 발생해왔다. 인간의 과학은 급속한 발전을 거듭하며 인간 스스로를 놀라게 하고 있다. 첨단 과학의 발달은 인간의 지능에 필적할 다양한 전자기기를 만들어 삶의 질을 높여주고 있다. 음속을 돌파하는 비행기와 화상 통화를 할 수 있는 핸드폰의 발달은 세계를 하루 통화권으로 만들었다. 지구 위의 인간이 포화 상태에 놓이거나 식량 부족 현상을 대비해 지구와 같은 환경의 별을 찾아내 옮겨 살려고 노력하고 있다. 현대는 과거에 수천 년이 걸렸던 과학과 산업을 불과 한 세기만에 발전시켰으며 그 속도는 더욱 빨라지고 있다.

미래는 미지수이다. 과거의 경험을 통계학적으로 분석하고 현재의 상태를 참고 삼아 예측할 수밖에 없다. 성경은 미래를 예측할 수 있는 지혜를 제공하고 있다. 과거의 우주 창조와 인간의 죄로 인한 타락과 현재의 악한 세상의 종말에 대한 확실한 예언을 하고 있다.

사람들은 불안한 미래에 대해 알고픈 욕망으로 무당을 찾아가 점을 치고 인간 선견자의 예언 듣는 것을 좋아하지만 그들은 어떤 인간의 일생에 관해 발생할 신상 문제를 밝혀줄 뿐 영원한 역사의 미래에 대해서는 무지하다. 또한 그들의 예언은 반 정도만 요행으로 맞출 확률의 철학적 견해일 뿐이다.

미래를 지향하는 인간의 지정의와 사상과 사고력은 더욱 발전할 것으로 예측할 수 있다. 더욱 가속화할 과학 산업의 발전은 놀랍고 눈부실 것이다. 과거에 공상하고 만화에서나 그렸던 기상천외한 삶의 소망을 현재에 실현시켜오고 있는 것처럼 이 세상은 새로운 변화를 일으키며 달려 갈 것이다.

7차원 세계에 감춰진 비밀

네 귀를 지혜에 기울이며 네 마음을 명철에 두며 지식을 불러 구하며 명철을 얻으려고 소리를 높이며 은을 구하는 것 같이 그것을 구하며 감추어진 보배를 찾는 것 같이 그것을 찾으면 여호와 경외하기를 깨달으며 하나님을 알게 되리니 대저 여호와는 지혜를 주시며 지식과 명철을 그 입에서 내심이며 그는 정직한 자를 위하여 완전한 지혜를 예비하시며 행실이 온전한 자에게 방패가 되시나니 대저 그는 정의의 길을 보호하시며 그의 성도들의 길을 보전하려 하심이니라(잠 2:2~8).

하나님은 인간의 지식과 생각을 만드시고 과학을 탐구하고 산업들을 성취해나가도록 능력을 주셨다. 어떤 분야에서는 무의식중에 하나님의 진리를 따라 성취해나가는 경우가 많다. 하나님의 창조의 뜻과 그 질서의 섭리를 과학의 업적을 인용하며 깨닫는 것도 바람직할 것이다. 미래를 예측할 수 있도록 돕고 있는 과학의 주장을 성경의 교훈으로 확인하며 바라보는 것은 우리의 믿음과 그리스도의 복음 전파에 유익할 것이다.

차원의 뜻은 기하학적 도형, 공간의 물리학적 범위와 수학의 개념이다. 물질의 연속적 집합의 요소로 계열이 반복하는 것을 말한다. 공간, 시간, 질량, 속도의 요소가 통일과 독립을 하려는 일정한 성질의 상호 작용을 설명한다.

인류 역사는 3차원의 세계에서 과학과 산업의 발달에 힘을 얻고 7차원의 세계를 향하여 달리고 있다. 물리적인 육의 차원 안에서 영의 차원이 합력하여 창조의 목적을 향하여 역사를 만들며 달리고 있다. 성경적 차원은 역사와 체험과 다가올 미래를 예측하는 지혜를 얻게 한다.

성경은 인류 역사는 하나님의 씨 뿌리는 우주 경영 법칙 아래서 어떤 것을 영농할까 계획을 세우고 준비하며, 농사지을 밭을 조성하고, 이어 씨를 뿌리고, 식물이 꽃을 피우도록 돕는 영농을 하고, 열매가 잘 영글면 수확을 하고, 거둬들인 알곡을 저장하고, 영농의 목적인 먹을거리를 만드는 일처럼 7차원의 단계를 거치며 영원을 향해 달린다고 암시한다.

예수 그리스도의 세계를 보면 오실 메시야를 위해 믿음의 조상 아브라함을 시작으로 4,000년이 흐른 다음 오신 메시야 예수 그리스도의 생명의 복음이 2,000년간 전파되었다. 지금까지의 역사는 3차원의 세계에서 펼쳐져왔다. 이제 성령의 시대가 열렸다. 4차원의 영적 능력이 육적 세상을 지배하는 시대에 접어들 것이다. 우리는 이어 영과 육이 통합되어 세상을 움직이는 5차원의 세계와 이 세상을 지배하고 있는 악한 마귀를 제거하는 6차원의 마지막 영적 싸움의 세계를 거치게 될 것이다. 하나님의 성품에 참예하며 천국에 들어갈 준비를 하는 7차원의 세계 너머에 있는 천국 문인 심판의 좁은 문을 지나 하나님과 온전히 하나가 될 것이다.

미래를 바라보는 예측의 법칙에서 그 원리를 7차원이라고 부르는 것은 성경의 계시에 근거하고 있다. 성경은 일곱이라는 숫자를 거룩하다, 온전하다, 승리하다는 뜻과 함께 주 예수 그리스도를 상징하는 수로 사용하고 있다.

02
성경의 계시로 보는 7차원의 비밀

일곱째 천사가 소리 내는 날 그의 나팔을 불려고 할 때에 하나님이 그의 종 선지
자들에게 전하신 복음과 같이 하나님의 그 비밀이 이루어지리라 하더라(계
10:7).

성경은 일곱이라는 숫자를 통해 미래에 일어날 일들을 예측하게 하고 있
다. 기독교에서는 7을 행운의 숫자로 본다. 하나님께서 왜 7이란 숫자
를 통해 미래를 예측하게 하셨을까? 우리는 그 뜻을 따라 어떤 믿음 생
활을 해야 할까? 그 은밀하신 섭리는 무엇인지, 우리들의 미래를 위해 말
씀 안에서 진리를 발견해보는 것이 바람직할 것이다.

창조의 날
하나님이 그가 하시던 일을 **일곱째 날**에 마치시니 그가 하시던 모든 일

을 그치고 **일곱째 날**에 안식하시니라 하나님이 그 **일곱째 날**을 복되게 하사 거룩하게 하셨으니 이는 하나님이 그 창조하시며 만드시던 모든 일을 마치시고 그 날에 안식하셨음이니라(창 2:2~3).

노아의 물 심판과 구원

너는 모든 정결한 짐승은 암수 일곱씩, 부정한 것은 암수 둘씩을 네게로 데려오며 공중의 새도 암수 일곱씩을 데려와 그 씨를 온 지면에 유전하게 하라 지금부터 **칠 일**이면 내가 사십 주야를 땅에 비를 내려 내가 지은 모든 생물을 지면에서 쓸어버리리라(창 7:2~4).

구원의 영광

여호와의 영광이 시내 산 위에 머무르고 구름이 엿새 동안 산을 가리더니 **일곱째 날**에 여호와께서 구름 가운데서 모세를 부르시니라(출 24:16).

속죄의 제사

그 제사장이 손가락에 그 피를 찍어 여호와 앞 곧 성소의 휘장 앞에 **일곱 번** 뿌릴 것이며(레 4:6).

치료의 은총

나아만이 이에 내려가서 하나님의 사람의 말대로 요단 강에 **일곱 번** 몸을 잠그니 그의 살이 어린 아이의 살 같이 회복되어 깨끗하게 되었더라(왕하 5:14).

말씀의 권위

여호와의 말씀은 순결함이여 흙 도가니에 **일곱 번** 단련한 은 같도다(시 12:6).

찬양의 법

주의 의로운 규례들로 말미암아 내가 하루 **일곱 번**씩 주를 찬양하나이다 주의 법을 사랑하는 자에게는 큰 평안이 있으니 그들에게 장애물이 없으리이다(시 119:164~165).

의인의 승리

대저 의인은 **일곱 번** 넘어질지라도 다시 일어나려니와 악인은 재앙으로 말미암아 엎드러지느니라(잠 24:16).

치유의 빛

여호와께서 자기 백성의 상처를 싸매시며 그들의 맞은 자리를 고치시는 날에는 달빛은 햇빛 같겠고 햇빛은 **일곱 배**가 되어 **일곱 날**의 빛과 같으리라(사 30:26).

주님의 축복

예수께서 무리에게 명하사 땅에 앉게 하시고 떡 **일곱 개**와 그 생선을 가지사 축사하시고 떼어 제자들에게 주시니 제자들이 무리에게 주매 다 배불리 먹고 남은 조각을 **일곱 광주리**에 차게 거두었으며(마 15:36~38).

회개의 중요성

너희는 스스로 조심하라 만일 네 형제가 죄를 범하거든 경고하고 회개하거든 용서하라 만일 하루에 **일곱 번**이라도 네게 죄를 짓고 **일곱 번** 네게 돌아와 내가 회개하노라 하거든 너는 용서하라 하시더라(눅 17:3~4).

제자 선택의 기준

열두 사도가 모든 제자를 불러 이르되 우리가 하나님의 말씀을 제쳐 놓고 접대를 일삼는 것이 마땅하지 아니하니 형제들아 너희 가운데서 성령과 지혜가 충만하여 칭찬 받는 **사람 일곱**을 택하라 우리가 이 일을 그들에게 맡기고 우리는 오로지 기도하는 일과 말씀 사역에 힘쓰리라 하니(행 6:2~4).

교회의 사명

요한은 아시아에 있는 **일곱 교회**에 편지하노니 이제도 계시고 전에도 계셨고 장차 오실 이와 그의 보좌 앞에 있는 **일곱 영**과(계 1:4).

구원의 증표 금 촛대

몸을 돌이켜 나에게 말한 음성을 알아 보려고 돌이킬 때에 **일곱 금 촛대**를 보았는데 촛대 사이에 인자 같은 이가 발에 끌리는 옷을 입고 가슴에 금띠를 띠고(계 1:12~13).

7차원의 상징 일곱 교회

네가 본 것은 내 오른손의 **일곱 별**의 비밀과 또 **일곱 금 촛대**라 일곱 별은 일곱 교회의 사자요 일곱 촛대는 일곱 교회니라(계 1:20).

성령의 등불

보좌로부터 번개와 음성과 우렛소리가 나고 보좌 앞에 켠 **등불 일곱**이 있으니 이는 하나님의 일곱 영이라(계 4:5).

생명 책

내가 보매 보좌에 앉으신 이의 오른손에 두루마리가 있으니 안팎으로 썼고 **일곱 인**으로 봉하였더라(계 5:1).

그리스도의 영광

일곱째 천사가 나팔을 불매 하늘에 큰 음성들이 나서 이르되 세상 나라가 우리 주와 그의 그리스도의 나라가 되어 그가 세세토록 왕 노릇 하시리로다 하니(계 11:15).

일곱 재앙

또 하늘에 크고 이상한 다른 이적을 보매 **일곱 천사**가 일곱 재앙을 가졌으니 곧 마지막 재앙이라 하나님의 진노가 이것으로 마치리로다(계 15:1).

새 예루살렘 성

일곱 대접을 가지고 마지막 **일곱 재앙**을 담은 **일곱 천사** 중 하나가 나아와서 내게 말하여 이르되 이리 오라 내가 신부 곧 어린 양의 아내를 네게 보이리라 하고 성령으로 나를 데리고 크고 높은 산으로 올라가 하나님께로부터 하늘에서 내려오는 거룩한 성 예루살렘을 보이니 하나님의 영광이 있어 그 성의 빛이 지극히 귀한 보석 같고 벽옥과 수정 같이 맑더라

(계 21:9~11).

성경은 하나님께서 인간에게 생육하고 번성하며 땅을 정복하라고 삼 단계의 성장의 법칙 안에서 인류 구원을 위해 믿음, 소망, 사랑으로 영농하시고 계신다. 1+3+3=7의 법칙으로 하나님의 성품에 참예하게 하시고 계신다. 이 섭리를 창조신학에서는 7차원의 세계로 바라본다. 이 세상을 사랑하시는 하나님의 뜻이 차원의 단계마다 충만하고 그 역사의 과정을 통해 천국으로 나아갈 수 있게 하신다고 믿는다.

영과 육이 교차하는 차원의 세계

차원으로 구분하는 인류 역사는 악의 개입으로 시작되었다. 하나님은 자연 질서와 구원의 역사를 차원의 섭리로 경영하시고 계신다.

영이신 하나님이 창조하신 우주에는 영이 존재하였다. 신비한 영적 존재는 피조물로서 물리적인 것으로 만들어진 것이 분명하지만 그 모습을 현상화해 보거나 붙잡고 조작을 하거나 보관할 수 없는 신비한 존재다.

물질 세계와 공존하는 영적 피조물에는 천사와 인간이 있다. 하나님을 섬기는 직분을 맡은 천사의 일부인 천사 루시퍼가 타락해 공중 권세를 잡고 인간들을 죄악 가운데서 조종하고 있다. 하나님의 형상과 모양을 닮은 청지기 인간은 물리적인 몸을 입고 있으나 그 실체는 영혼이다. 인간의 몸은 내 영혼을 담고 있는 집이며 천사와 함께 3차원의 세계의 주역이 되고 있다.

영적 피조물인 타락한 천사와 인간은 3차원 안에서 역사의 주역이 되어 선과 악의 편 가르기로 서로 우주를 지배하려고 싸우고 있다. 하나님께서 타락한 천사를 징계하고 죄 아래 있는 인간 구원을 위해 주신 성경은 "근신하라 깨어라 너희 대적 마귀가 우는 사자 같이 두루 다니며 삼킬 자를 찾나니 너희는 믿음을 굳건하게 하여 그를 대적하라 이는 세상에 있는 너희 형제들도 동일한 고난을 당하는 줄을 앎이라"(벧전 5:8~9)라고 밝히고 그 역사의 현장들을 차원의 세계로 설명하고 있다.

차원의 섭리, 인류 역사

1, 2차원의 세계는 인류 역사의 초기로서 극히 짧았던 것으로 보인다. 3차원의 세계는 에덴동산 직후부터 시작하여 예수 그리스도께서 오신 때를 지나 현재까지 6,000여 년을 지배해왔다. 3차원 마지막에 인류 문명과 문화와 또 과학과 산업의 급속한 발달 추세를 이어받을 4차원의 세계는 길지 않을 것으로 예측할 수 있다. 하지만 마귀와의 싸움이 극렬해지고 신의 성품을 예비하는 5차원과 멸망받을 마귀가 최후의 발버둥치며 그 악한 모습을 드러내고 구원받을 알곡이 추려지는 6차원의 세계는 긴 세월이 될 것 같다. 악한 것과 눈물이 없는 천국 입구에서 온전하신 하나님의 성품으로 변화되고 예수 그리스도의 심판을 고대하는 7차원의 세계는 예측하기 어렵다.

3차원의 세계

선과 평면과 입체의 3차원 세계는 지금 우리가 살고 있는 세상의 현실을 말한다. 3차원의 세계에서는 아침이 되면 해가 뜨고 저녁에는 달이 지고, 높은 산과 깊은 바다가 있고 자동차를 타고 달리고 비행기를 타고 하늘 높이 날아간다. 또한 나무와 풀과 꽃이 자라고 남녀가 결혼하여 아기를 낳고 살아간다. 큰 건물을 짓고 살며 산을 허물어 도로를 만들고 강에 다리를 놓는다.

생각하는 능력을 지니고 문명을 개발하는 인간들은 사상과 철학을 만들어 우주의 진리를 탐구하고 문화를 형성하며 삶의 질을 높이려고 노력한다. 그리고 영적 문제로 고민하고 종교를 통해 그 해답을 얻으려고 한다. 능력이 있는 지도자를 세워 인간 갈등을 해소하고 삶의 질을 높이고 편안하게 살려고 하지만 악의 맛을 잊지 못하는 지도자의 횡포에 오히려 시달리며 살아간다. 내일이 없다고 생각하는 사람은 태어난 것을 원망하며 자살을 시도하지만 많은 사람들은 또 다른 차원 높은 세계가 있을 것이라고 소망하고 있다. 이 시대는 육적 욕망이 인간을 지배하지만 영적 갈급이 더해지는 때다. 하나님의 씨 뿌리는 우주 경영 법칙 안에서 출애굽을 했던 이스라엘과 비슷한 신앙관으로 복음을 듣고 믿음의 씨를 뿌리는 시기와 같다.

3차원의 세계에서 살아온 우리는 이제 4차원의 문턱에 와 있다.

우리가 망설이고 거부한다 해도 차원의 세계는 영원을 향해 달려갈 것이다. 그러므로 4차원의 세계에 대한 궁금증을 풀면서 그 너머에 있는 차원의 세계를 예측해보기로 한다.

4차원의 세계

4차원 세계의 문턱에서는 성령 충만한 성도가 거듭남을 체험하고 방언으로 기도할 수 있고 영적 성숙을 피부로 느낄 수 있고 진리와 거짓의 모습을 판별할 수 있다. 4차원의 세계에서는 영적 싸움이 더욱 치열해질 것이다. 선은 그 모습이 희미해지고 악이 극성을 부리고 그 여파로 기독교 박해가 극심해질 것으로 보인다. 의로운 목자가 줄어들고 교회는 양 떼들이 흩어지고 한때 많은 고통을 겪으며 쇠락의 길을 맥없이 달리게 될 것이다. 교회의 무력화는 종교 분쟁을 과열시키고 사람들은 영적 갈급함을 물질을 통해 위안받으며 해결하려고 할 것이다.

동성애의 확산과 공인은 인류의 가치관을 혼란하게 하고 동성애를 찬동하는 민족과 나라는 종교적 구심점을 잃고 설 자리를 잃게 될 것이다.

과학과 물질만능주의는 더욱 극심해질 전망이다. 난세에는 영웅이 나타난다고 하지만 세계 각 나라마다 빈부 격차가 심해지고 시대를 이끌 정의로운 지도자가 없어 몸살을 앓게 될 것이다. 문화 전통의 벽이 무너지면서 군소 민족이 설 자리를 잃고 작은 나라들은 강대국의 압박에 시달려야 할 것이다. 또한 중국 등 아시아 국가들이 세계의 주도권을 쥐고 경찰국가로 부상할 것이다.

세상은 인간의 지능이 더 발달하면서 사상과 철학은 과학과 산업과 향락 문화에 밀려 잠잠해질 것으로 보인다. 한때 부족한 식량난과 극심한 공해가 세계를 분란의 도가니로 만들게 될 것이다. 석유 고갈로 에너지 위기를 맞겠지만 가스, 태양 빛 등 대체 연료의 개발로 극복할 것이다.

그러나 과학과 산업의 발달은 인간들의 문화적 삶의 질을 향상시킬 것이다. 자동 제어장치의 발달로 로봇이 사람의 일을 대신하여 살림을 해주고 전쟁도 기계가 할 것이며 무인 조작 자동차가 거리를 달리게 될 것이다. 여성 우위 사회가 되고, 성적 개방 속도가 빨라지고, 혼혈 인구의 증가로 인종 차별이 없어지고, 다문화 사회가 될 것이다. 인간 교류와 여행이 빈번해지고 세계는 거대한 문화권을 형성하는 진통을 겪게 될 전망이다.

또한 과학의 발달로 인간이 새처럼 간편한 장비로 날고 간단한 산소 호흡기로 물고기처럼 오래 잠수할 수 있는 기술을 발견할 것이다.

인간의 삶의 질은 20세기 때의 급속한 발달의 차원을 넘어 가속화한 놀라운 변화를 맞고 3차원의 세계를 속담거리로 삼게 될 것이다. 식량 대량 생산의 기술 발달로 굶주리는 사람이 적어지고 전쟁 갈등도 감소할 것이다. 불교, 유교, 토속신앙 등 유사 종교는 시들고 기독교, 유대교, 이슬람교의 갈등으로 압축될 것으로 보인다. 이런 종교의 색채가 각 국가 정책에 큰 영향을 미치고 인간 생활의 지표가 될 것이다.

4차원의 세계는 하나님의 씨 뿌리는 우주 경영 법칙 안에서 마귀가 지배하고 세상에 그리스도의 복음이 전파되는 시기로서 자라나는 믿음을 가꾸는 때와 같다. 영적 싸움이 성령 안에서 진행되면서 예수 그리스도께서 사람이 성령으로 거듭나지 않으면 천국에 들어갈 수 없다고 하신 말씀을 실감하게 될 것이다. 성도들은 영적 삶 안에서 육적 삶의 가치를 발견하고 사회를 변화시키려는 강한 의지를 갖게 될 것이다.

5차원의 세계

5차원의 세계는 만물이 주께로부터 나와 주께로 돌아가는 징조가 나타나게 될 것이다. 예수 그리스도의 십자가 구원을 온 인류가 깨닫고 부활의 영광을 찬송하는 소리가 세상에 크게 울릴 것이다. 성도의 믿음의 씨앗이 거룩하게 싹을 내고 자라나고 아름다운 예수 꽃을 피우며 생명의 향기를 풍기고 교회가 다시 부흥할 것이다. 온 천지에 천국 음악 소리가 울려 퍼지지만 아직 성령의 열매는 결실을 맺지 못하고 주춤하고 있을 것이다. 성도들이 신의 성품에 참예할 길이 눈앞에 닥치고 있지만 마귀의 방해 공작이 극심하기 때문이다. 하지만 영적 전쟁이 극심해지면서 성도들은 더욱 말씀과 성령으로 무장하는 반면 헛된 철학과 진화론과 맹목적이던 종교들은 설 자리를 잃고 무너지게 될 것이다.

인간의 삶은 먹고 마시고 씨를 뿌리는 성적 본능에서 벗어나 참된 진리를 사모하며 오실 그리스도를 더욱 기다릴 것이다. 그동안 인간들은 영적 능력을 가진 천사들을 부러워했지만 5차원의 세계에서는 오히려 천사들이 시기하게 될 것이다.

'영적 존재가 무엇인가?' 하는 의문에서 벗어나 영적 피조물도 물리적인 존재라는 것을 밝혀낼 것이다. 극히 작은 입자가 전기가 되고 빛의 입자가 광명을 주는 것처럼 영의 물리적 작용을 알아내 영을 활용하는 재능을 발견할 것이다. 영의 세계를 지배하는 영적 능력은 신의 성품에 한 발자국 다가가는 것이기 때문이다. 이는 천사처럼 생각한 대로 우주를 누비며 활동을 하며 영향을 줄 수 있는 능력을 갖게 된다는 것이다.

인간의 생활은 내가 필요한 것을 생각하면 기계가 다 해결해주는 기술을 개발하고 영적 능력이 물리적 힘으로 작용하게 할 것이다. 가까운 달을 여행하는 것은 산책하는 것과 같고 먼 거리의 별은 휴가를 얻어 갈 수 있는 여행으로 즐길 것이다. 인간을 괴롭혀온 결핵, 감기 등 전염병은 사라지고 허리가 아프거나 눈이 나빠져도 간편한 자가 손질로 고칠 수 있고, 인간의 수명도 120살을 청춘처럼 살고 몸 관리를 잘하면 175살 이상도 살 수 있을 것이다. 이런 인간의 생활환경의 향상은 온 자연에도 미칠 것이다.

5차원의 세계는 신앙의 줄다리기의 시대를 넘어 믿음의 모양이 확실해지고 알곡과 가라지가 구별되는 때다. 하나님의 씨 뿌리는 우주 경영 법칙 안에서 예수 꽃을 활짝 피우고 있느냐 아니면 검은 죽음의 옷을 입고 있느냐 판별할 수 있을 것이다. 하지만 멸망할 것을 아는 마귀의 준동이 극심해지면서 마지막 영적 싸움에 대비해야 할 중요한 시대로서 성도들은 긴장하며 성령으로 무장해야 할 것이다. 성경은 "그리스도 안에서 그 힘과 능력으로 강해지고 마귀의 흉계와 세상 권세를 이기기 위해 하나님의 말씀을 따라 진리의 흉패를 붙이고 복음의 신을 신고 믿음의 방패를 가지고 성령의 검으로 무장하라"고 권고한다.

6차원의 세계

6차원의 세계는 인류 역사 가운데 가장 고달픈 시대가 될 것이다. 멸망이 예고된 마귀가 결사적으로 날뛸 것이기 때문이다. 세상 사람들에게 짐승의 표를 주고 통제하며 우상을 섬기라고 강요할 것이다. 하나님과 사람을 더욱 이간시키려 하고 말을 듣지 않으면 감당하기 어려운 환난과 핍박으로 압박할 것이다. 사람들은 굶주린 사자처럼 타락시켜 삼키려는 마귀의 흉계가 고약해서 그 시험을 이길 사람이 적을 것이다. 이때는 3차원의 세계에서 경건하게 신앙생활을 했던 사람 중에도 믿음을 버리고 굴복하는 사람들이 생겨날 것이다.

6차원의 세계에서 그 모습을 드러내는 마귀의 이름을 보면, 하나님과 비기리라고 교만한 마음을 품은 천사 루시퍼, 인간을 미혹하는 사단, 그 옛날 에덴동산에서 첫 사람 아담을 타락시킨 뱀, 거짓의 아비, 죽은 인간을 가장하는 귀신, 처음부터 살인한 자, 상상의 동물 용, 불 같은 뱀, 죽음의 권세자 등으로 불린다.

6차원의 세계에서는 인간의 철학과 사상과 진화론 등은 한낱 마귀의 장난에 놀아난 부산물이고 눈부시게 발전해온 과학과 산업은 영적 세계를 뛰어넘을 수 없다는 것을 알게 될 것이다.

성경 요한계시록은 예수 그리스도의 복음을 세계로 전파하는 역사적 영적 싸움의 일선에 로마에 있던 일곱 교회를 대표로 삼고 예언하고 있다. 알파와 오메가가 되시는 그리스도께서 속죄의 피 값으로 세워주신 교회는 그리스도의 심판의 때가 가까워지고 있지만 아직 완전 무장을 하지 못하고 있기 때문에 생명과 진리시며 음부의 열쇠를 가지신 예수 그리스도께서 말씀의 편지를 주시며 응원하고 계신다. 성경은 "그러므로 네가 본 것과 지금 있는 일과 장차 될 일을 기록하라 네가 본 것은 내 오른손의 일곱 별의 비밀과 또 일곱 금 촛대라 일곱 별은 일곱 교회의 사자요 일곱 촛대는 일곱 교회니라"(계 1:19~20)라며 미래에 있을 사건들을 상징적으로 예언하고 있다. 네 개의 환상을 통해 선과 악의 갈등을 극적으로 묘사하며 그리스도께서 다시 오실 때의 정황을 예측하게 한다.

성령께서는 여러 충고의 말씀과 함께 "이기는 자에게는 생명나무의 과실을 먹게 하리라", "둘째 사망의 해를 받지 아니하리라", "만나와 흰 돌을 줄 것이다", "만국을 다스리는 권세와 새벽 별을 주리라", "흰 옷을 입히고 생명책에 기록하리라", "새 예루살렘 성의 이름을 기록하리라", "주의 보좌에 앉게 하리라" 등의 격려를 하고 있다.

요한이 받은 계시는 모든 성도에게 해당이 되는 영적 싸움을 상징하고 믿음으로 나아가야 할 목적과 영생을 향한 소망의 지침이 된다. 그리스도의 재림, 성도와 교회를 바라보시는 그리스도의 평가, 영적 싸움을 통제하시고 승리하시는 그리스도, 천국으로의 초대와 영생의 나라를 예언하고 있다.

그리스도께서 심판하시고 자신들은 곧 멸망하게 될 것을 아는 마귀 집단들은 그 마지막에 하나님이 사랑하시는 인간들을 끌어들여 악의 노예로 만들어 발악할 것이다. 성경은 세상 끝에 여러 징조가 나타날 것이라고 말한다. 적그리스도가 나와 사람들을 미혹하고 타락시키며, 나라와 나라가 대적하고, 전쟁과 테러 등 난리가 요란하게 하고, 불법이 성하고, 사람들의 사랑이 식어질 것이라고 알려준다. 악이 설치는 말세 현상에서 극심한 영적 갈등과 고난과 환란을 이기지 못한 사람들이 하나님을 배신하고 악에 굴복하는 일이 많이 생겨날 것으로 보인다.

6차원의 세계 끝에서 그리스도의 심판이 있을 것이다. 그 보좌 앞에는 생명의 책이 펼쳐져 있고 각기 자기가 세상에서 행한 대로 심판을 받을 것이다. 악한 마귀들은 유황불이 타는 지옥에 던져질 것이다. 그곳에는 더러운 짐승으로 가장한 사단과 하나님을 배신한 거짓 선지자와 제사장들도 함께 있을 것이다.

그러나 끝까지 견디며 영적 승리를 하는 성도는 구원을 얻게 되고 충성하는 성도가 그리스도의 복음을 땅 끝까지 전파하게 되면 7차원의 세계로 들어가는 양의 문이 열릴 것이다. 하나님의 말씀에 순종하며 그리스도의 십자가를 지고 성령으로 충만한 성도는 그 좁은 문을 지나며 하나님께 영광의 찬송을 드릴 것이다.

7차원의 세계

7차원의 세계에서는 새 하늘과 새 땅을 볼 수 있을 것이다. 하나님께서 구원하신 성도들에게 예비하신 새 예루살렘 성을 내려주실 것이다. 새 예루살렘 성은 신부인 성도가 그리스도이신 신랑을 맞으려고 단장한 것처럼 멋진 도성이 될 것이다. 그 도성은 하나님의 성전과 성도의 삶이 함께하는 곳이며 인간들이 하나님을 아버지로 모시고 사는 거룩한 집이 될 것이다. 하나님이 새 예루살렘 성을 주시는 것은 인간이 만들었던 옛 예루살렘 성이 마귀의 궤계와 그들이 제공한 백향목 등 자료와 기술로 세워지고 인간들의 손으로 망쳐버리고 말았기 때문이다.

새 예루살렘은 영원한 하나님 나라가 아니다. 그 영광된 나라에 들어갈 준비를 하며 적응 훈련을 받는 곳이다. 그 도성에서는 아버지 하나님이 아들인 성도들의 모든 눈물을 그 눈에서 씻어주시고 다시는 죽음이 없으며 애통하는 일이나 질병으로 아파하는 일이 없을 것이다. 주 예수 그리스도는 "보라 내가 만물을 새롭게 하노라" 하시고 생명수 샘물을 목마른 자에게 값없이 주시며 죽음에서 영생을 얻게 하신다고 말씀하셨다. 이 축복을 유업으로 얻고 하나님의 참아들로 삼으신다고 약속하셨다. 하지만 세상 권세에 눌려 두려워하며 사망의 갓길을 걷고 또 그리스도의 구원의 은혜를 믿지 않던 자들과 흉악한 마귀를 따르고, 탐욕과 행음에 놀아나고, 우상 숭배를 하고, 진리를 거슬렀던 사람들은 불과 유황으로 타는 못에 들어가 둘째 사망을 당할 것이라고 하셨다.

성경은 험난한 죽음이 감싸고 있는 법의 숲을 하나님의 말씀에 순종하며 믿고 그리스도의 십자가를 지고 고난을 인내하며 7차원의 세계까지 온 성도에게 주어진 새 예루살렘은 생명의 빛이 비치고, 온갖 보석으로 치장되어 있고, 수정같이 맑은 생명수가 흐르는 강이 있고, 만국을 소성케 하는 생명나무가 자란다고 설명한다.

"보라 내가 속히 오리라"고 말씀하시는 예수 그리스도께서는 성경의 예언을 믿고 지키는 성도가 복이 있다고 하셨다. 그리고 충성한 성도들에게 "내가 줄 상이 예비되어 있고 일한 대로 갚아주신다"고 약속하셨다. 이 약속의 말씀을 받은 성도는 곧 생명나무의 문을 통해 천국에 들어갈 권세가 보장된다고 하셨다.

7차원의 세계 그 너머에 있는 영광의 하나님 나라에 대해서는 아직 알 수 없다. 그 시기도 하나님 외에는 알 수 없고 순결한 믿음을 가진 성도가 들어갈 수 있다는 것만 확인할 수 있다.

성경은 우리가 "아직 어린아이같이 희미하게 보고 거울로 보는 것처럼 확실하게 알 수 없고 부분적으로 예측할 수 있다"면서 그 나라에 가면 온전히 알게 될 것이라고 밝히고 있다. 희미한 예측의 법칙으로 온전하신 하나님의 나라를 바라보는 것은 두려운 일이다. 왜냐하면 세상 철학과 우매한 신학의 지식으로 공격할 사람도 있을 것이기 때문이다. 하지만 미래를 바라보는 예측의 법칙을 통해 믿음이 확실하게 자리 잡고

말씀 안에 감춰진 비밀을 바르게 깨닫는 사람은 복이 있는 성도라는
말을 듣게 될 것이다.

03

진리이신 그리스도의 이름

시몬 베드로가 대답하여 이르되 주는 그리스도시요 살아 계신 하나님의 아들이

시니이다(마 16:16).

법의 숲에서 진리를 찾아 헤매며 어찌할 수 없는 가련한 처지에서 구세주를 고대하고 있는 인간에게 하나님은 이 세상을 구원하시려고 그리스도를 인간의 몸을 입혀 보내주시고 그 이름을 예수라고 지어주셨다.

예수님은 33년간 이 죄악의 땅 위에 사시면서 하나님의 영광을 나타내주셨다. 죽을죄를 지은 인간들이 스스로 제물이 되어 속죄할 수 없는 것을 아시고 자신을 십자가 위에서 제물로 하나님께 드리고 죄 사함을 받게 하셨다. 십자가 위에서 사망의 권세를 깨뜨리시고 부활하신 다음 복음 전파를 위해 40일간 500여 명의 성도들에게 부활하신 몸을 보이시고 하늘로 올라가셨다.

하지만 시골 마을 갈릴리에서 동정녀 마리아를 통해 출생한 예수님은 베들레헴에서 메시야가 태어나실 것이라고 믿는 동족 이스라엘 사람들로부터 배척을 당했다.

예수 그리스도는 스스로 자신이 메시야, 즉 그리스도가 되심을 입증하셔야 했다. 그래서 복음과 함께 많은 기적을 베푸시며 그리스도가 되신다고 특별하게 강조하셨다. 복음 전파 설교 집회 때마다 앉은뱅이를 일어나게 하시고, 눈먼 자를 고치시고, 죽어서 냄새가 나던 나사로를 살리셨다. 떡 다섯 개와 물고기 두 마리로 5,000명을 배불리 먹이셨다. 성경은 예수 그리스도께서 기적을 베푸신 행적을 하늘을 두루마리로 삼고 바다를 먹물을 삼아도 다 기록할 수 없다고 증언하고 있다.

하지만 예수 그리스도는 자신이 하나님의 아들이라고 주장하다가 동족 이스라엘의 제사장들의 고발로 압제자 로마 군대에 잡혀가 가시관을 쓰시고, 모진 매를 맞는 고문을 당하시고, 십자가 처형을 받으셔야 했다. 또한 예수 그리스도는 고향 갈릴리 사람들로부터도 배척을 당하셨다. "그는 목수 요셉의 아들이 아니냐. 어머니는 마리아이고 그 형제들을 우리가 다 아는 데 어찌 메시야 노릇을 하느냐"하며 생명의 복음을 들으려 하지 않았다.

지금까지는 너희가 내 이름으로 아무 것도 구하지 아니하였으나 구하라 그리하면 받으리니 너희 기쁨이 충만하리라(요 16:24).

기독교는 축복받는 종교다. 예수 그리스도의 이름으로 기도하면 하나님이 복을 주신다. 사람들은 복을 받기 위해 하나님을 믿고 천국에 들어

가려고 교회 생활을 한다고 말한다.

우리는 인간 구원의 역사를 예수님께서 하셨느냐, 아니면 그리스도께서 하시고 계시냐 하는 신학적 논란을 피해갈 수 없다. 그것은 많은 신학자와 목회자들이 예수님의 기적에 매료되어 편파적인 기복 신앙에 치중하며 구원의 진리를 흐리게 하고 있기 때문이다. 제물이 되신 예수님의 구원의 사명은 그리스도께로 연결이 되어 심판의 주로 오시는 비밀을 알아야 한다.

일부 목회자들은 복을 주시는 하나님을 증거한다면서 기복적 설교에 치중하고 있다. 기복적 설교를 위해 예수님이 하신 기적을 많이 내세우고 기적을 바라라고 권장한다. 복을 받으려면 교회의 외적 확장을 위한 헌금 봉사로 보답해야 한다고 설득하는 경우도 있다. 가끔 복음 전도를 하다가 고난을 받거나 세상을 변화시키려다가 환란을 당하는 경우가 있다는 사실을 형식적으로 알려주지만 십자가를 지고 순교하는 믿음은 외면하려고 한다.

> 그러므로 우리가 믿음으로 의롭다 하심을 받았으니 우리 주 예수 그리스도로 말미암아 하나님과 화평을 누리자 또한 그로 말미암아 우리가 믿음으로 서 있는 이 은혜에 들어감을 얻었으며 하나님의 영광을 바라고 즐거워하느니라(롬 5:1~2).

이제는 예수 그리스도의 이름으로 기도하며 청지기 제사장 사명에 충성해야 한다. 우리는 그리스도의 십자가 병사로서 영적 싸움의 일선에 서 있기 때문이다.

잠시 이 세상에 머물면서 한시적인 내 유익을 탐하거나 향락에 빠져 있기에는 세월이 너무나 빠르게 지나가고 있다는 것을 알아야 한다. 성경은 예수 그리스도 안에서 이기라고 충고한다. "우리가 환난 중에도 즐거워하나니 이는 환난은 인내를, 인내는 연단을, 연단은 소망을 이루는 줄 앎이로다 소망이 우리를 부끄럽게 하지 아니함은 우리에게 주신 성령으로 말미암아 하나님의 사랑이 우리 마음에 부은 바 됨이니 우리가 아직 연약할 때에 기약대로 그리스도께서 경건하지 않은 자를 위하여 죽으셨도다"(롬 5:3~6)고 말한다.

예수님은 구원을 위한 믿음을 주시고 그리스도께서는 소망 가운데 영생의 나라로 인도하시는 섭리를 확신케 한다면 주 예수 그리스도의 이름으로 기도하며 하나님의 뜻을 찾고 보혜사 성령의 인도와 보호하심을 받는 것이 마땅할 것이다.

> 우리가 이같이 큰 구원을 등한히 여기면 어찌 그 보응을 피하리요 이 구원은 처음에 주로 말씀하신 바요 들은 자들이 우리에게 확증한 바니 하나님도 표적들과 기사들과 여러 가지 능력과 및 자기의 뜻을 따라 성령이 나누어 주신 것으로써 그들과 함께 증언하셨느니라(히 2:3~4).

성경은 예수님이 인간 구원을 위해 속죄의 제물로 오셨고 그리스도는 성령 안에서 큰 구원으로 심판하시고 천국으로 인도하신다고 밝히고 있다. 예수님은 인간의 몸을 입으신 하나님이 되시면서 그리스도를 중거하셨다. 지금은 오신 예수님을 믿는 역사를 지나 온전한 사랑을 찾아가는 그리스도의 시대를 살고 있다.

예수 그리스도께서는 "믿음에도 적은 믿음이 있고 큰 믿음이 있다"고 말씀하셨다. 하나님의 씨 뿌리는 우주 경영 법칙 안에서 구원과 믿음을 영농하시는 사랑의 섭리를 엿보아야 한다. 농부 하나님께서 포도나무가 되시는 예수님을 통해 그리스도에게로까지 자라도록 영농하시는 심오한 비밀에 동참하는 것이 당연하다.

04

거룩한 성 '새 예루살렘'

내가 여호와께 바라는 한 가지 일 그것을 구하리니 곧 내가 내 평생에 여호와의 집에 살면서 여호와의 아름다움을 바라보며 그의 성전에서 사모하는 그것이라 (시 27:4).

이 세상에서 가장 소중한 사랑은 사모하는 마음에서 우러난다. 사람들은 믿음으로 생명을 사모하고 사랑을 가꾸며 복 받기를 원하고 하나님께 다가가려고 한다.

우리는 첫 사람 아담이 하나님께 죄를 지은 이후 하나님의 집을 떠나 죄로 오염된 세상 안에서 죽음을 짊어지고 고생하며 나그네 길을 가면서도 하나님의 사랑의 품을 그리워해왔다.

성경은 "하나님이 모든 것을 지으시되 때를 따라 아름답게 하셨고 또 사람들에게는 영원을 사모하는 마음을 주셨느니라 그러나 하나님이 하시는 일의 시종을 사람으로 측량할 수 없게 하셨도다"(전 3:11)라고 영원을 사모하는 인간의 염원해 대해 설명하고 있다.

하나님의 씨 뿌리는 우주 경영 법칙은 하나님을 사모하고 하나님께로 돌아가는 생명의 섭리를 깨닫게 한다. 씨는 다시 생명으로 태어나게 할 농부의 손길을 사모하며, 오래 참고, 온유하게 기다린다. 하나님이 창조하신 영원한 아름다움을 사모하며 사는 성도는 생명의 평안을 바라본다.

남녀가 서로 좋아하며 연애하고 결혼해 생육하고, 후손이라는 열매를 맺고 번성하는 것도 영원을 향한 사모하는 마음에서 나온다. 인간의 영적 사모하는 마음은 육적 삶에 연결되어 작용한다. 사모하는 마음의 바탕 위에서 가정과 사회생활을 하며 인간관계를 유지해나간다. 이 같이 모든 생물들도 암수가 서로 사모하는 본능으로 결합하여 번성하려는 왕성한 욕구를 지니고 살아가고 있다. 번성하려는 욕망이 지나쳐 자기 자손만의 번성을 위한 경쟁과 적자생존의 치열한 싸움판을 벌이기도 한다.

이는 그가 모든 지혜와 총명을 우리에게 넘치게 하사 그 뜻의 비밀을 우리에게 알리신 것이요 그의 기뻐하심을 따라 그리스도 안에서 때가 찬 경륜을 위하여 예정하신 것이니 하늘에 있는 것이나 땅에 있는 것이 다 그리스도 안에서 통일되게 하려 하심이라 모든 일을 그의 뜻의 결정대로 일하시는 이의 계획을 따라 우리가 예정을 입어 그 안에서 기업이 되었으니 이는 우리가 그리스도 안에서 전부터 바라던 그의 영광의 찬송이 되게 하려 하심이라(엡 1:8~12).

하나님의 사랑을 사모하며 나그네 길을 걸어가는 인간의 마음속 밑바닥에는 돌아갈 본향에 대한 그리움이 짙게 깔려 있다. 성경은 "이 사람들은 다 믿음을 따라 죽었으며 약속을 받지 못하였으되 그것들을 멀리서 보고 환영하며 또 땅에서는 외국인과 나그네임을 증언하였으니 그들이 이같이 말하는 것은 자기들이 본향 찾는 자임을 나타냄이라"(히 11:13~14)라며 선진들이 하나님의 우주 경영 비밀을 지혜롭게 예측하고 순종하며 돌아갈 본향을 그리워했다고 말한다. 악한 것이 지배하고 있는 이 세상에서 하나님의 뜻과 말씀과 그 법도를 사모하며 하나님을 모시고 사는 진리와 생명의 길을 향하여 걸어갔다고 한다.

> 나를 사랑하는 자들이 나의 사랑을 입으며 나를 간절히 찾는 자가 나를 만날 것이니라(잠 8:17).

하나님 아버지는 사랑하는 아들 인간과 화목하고 하나가 되어 살기를 원하신다. 죄인이 하나님 앞에 다시 나아가려면 회개하여 죄 씻음을 받는 제사를 드리고 거룩하게 변해야 한다. 이 세상 안에서 하나님 영광을 바라며 사는 방법은 하나님이 계시는 성전 안에서 인간 사회를 형성하며 사는 것이다. 하나님의 뜻에 순종하며 말씀 안에서 성령의 법을 따르는 교회적인 생활을 하는 것이다. 그래서 인간들은 하나님의 예비된 도성을 만들어 살기를 원하며 많은 시도를 했다. 하지만 영과 육의 삶을 조화시키는 예루살렘 성을 건설했으나 지키지 못하고 무너져버렸다.

다윗의 성전 건축 준비

> 후에 그들에게 이르기를 우리가 당한 곤경은 너희도 보고 있는 바라 예루살렘이
> 황폐하고 성문이 불탔으니 자, 예루살렘 성을 건축하여 다시 수치를 당하지 말
> 자 하고 또 그들에게 하나님의 선한 손이 나를 도우신 일과 왕이 내게 이른 말씀
> 을 전하였더니 그들의 말이 일어나 건축하자 하고 모두 힘을 내어 이 선한 일을
> 하려 하매(느 2:17~18).

하늘에 계신 하나님의 거룩한 성전을 인간의 도성에 세워 살고픈 소망이
예루살렘 성을 건설했다. 하지만 인간들은 예루살렘 성을 지키지 못했
다. 황폐하고 불탄 옛 예루살렘의 발자취를 통해 새 예루살렘 성의 재건
의 긴요성을 살펴보자.

바벨탑 사건은 하나님과 떨어져 사는 것이 불안한 인간들이 하늘에 계
신 하나님을 만나려고 일으킨 사건이다. 하지만 하나님은 이를 거절하시
고 오히려 인간들의 언어를 혼잡하게 하시고 흩어져 살게 하셨다. 이는 불
완전한 인간의 신본주의와 세속적 인본주의 사상이 빚은 비극적 사건이
었다.

아브라함을 부르신 하나님은 계실 집이 없이 성전을 상징하는 돌을
쌓은 제단에서 인간을 만나시고 경배의 제사를 받으셨다. 출애굽을 한
모세는 하나님께로부터 율법을 받고 하나님을 장막에 모시고 제사를 드
렸다. 하나님의 지시로 가나안에 정착한 사람들은 늘어나는 무리의 집
단 안에서 하나님이 주신 율법을 통해 정치, 경제, 관습, 제사의 문제 등
삶의 모든 것을 통제받으며 살았다. 정치적 지도자가 율법적인 신본주의

사상으로 통치하고 제사는 제사장이 집행하는 구조였다. 세월이 지나면서 인간 제왕의 통치를 소원한 이스라엘 민족은 다윗 왕의 도성 예루살렘을 건설하면서 하나님을 모실 성전이 필요하다는 것을 깨달았다.

예루살렘 도성은 광야 생활 끝에 가나안에 정착한 이스라엘 열두 지파를 통일한 다윗 왕이 세웠다. 예루살렘은 지중해 동쪽 팔레스타인의 능선 위에 있는 교통의 요지다. 이스라엘 민족이 점령하고 있던 중심 지역이면서 기혼 샘물이 넘쳐흐르고 전쟁 때 방어에 유리한 기드론 골짜기가 동쪽에 있다. 이곳은 믿음의 조상 아브라함이 하나님의 명령으로 귀하게 얻은 이삭을 제물로 드리려던 모리아 산이 있는 곳이다. 다윗은 가나안 사람 여부스의 타작마당을 구입해 통치를 위한 수도로 조성했다. 분열했던 유대와 이스라엘을 통일한 다윗은 국가 형성의 바탕인 정치, 경제, 문화의 기틀이 되는 왕국의 수도 예루살렘 성을 건설했다. 자기가 거처할 왕궁을 먼저 건설하고 나서 하나님의 성전을 건축하려고 했다.

하나님의 선택을 받은 민족답지 않게 모든 일을 하나님 중심으로 하지 않고 또 성전 건축에 우상 숭배자의 도움으로 건축 자재를 조달하고 이방 기술자로 하여금 건축 공사를 하려고 했다.

> 두로 왕 히람이 다윗에게 사절들과 백향목과 목수와 석수를 보내매 그들이 다윗을 위하여 집을 지으니(삼하 5:11).

다윗과 그 아들 솔로몬과 친분을 맺고 거래를 했던 두로 왕 히람은 누구인가? 지중해 시돈 남쪽 해변의 항구 도시인 두로는 목재, 곡식, 포도주, 금속 상품의 무역이 활발하고 노예 매매가 성행하는 상업 도시로서 건축 기술이 발달한 곳이었다. 사막 나라 이스라엘이 두로 왕 히람으로부터 건축 재료와 건설 기술 인력을 지원받는 것은 당연한 일처럼 보였다. 하지만 히람은 하나님이 싫어하는 사람이었다.

두로 왕 히람은 유능한 사람이었으나 지중해 주변의 섬들을 식민지로 만들고 무역으로 큰 재물을 얻자 교만한 마음을 갖게 되었다. 자신이 하나님인 체하려고 했다(겔 28:6). 성경은 히람이 에덴동산에서 인간을 타락시킨 마귀로 비유하고 완전한 척했으나 불의가 들어났다고 밝히고 있다(겔 28:6~19).

통일 왕국을 건설하고 안정이 되자 다윗 왕은 떠돌던 하나님의 성막과 언약궤를 안치할 하나님의 성전을 건설할 마음을 갖게 되었다. 이는 성경 상식에서 벗어난 일이었다.

> 이에 다윗 왕이 일어서서 이르되 나의 형제들, 나의 백성들아 내 말을 들으라 나는 여호와의 언약궤 곧 우리 하나님의 발판을 봉안할 성전을 건축할 마음이 있어서 건축할 재료를 준비하였으나(대상 28:2).

하나님은 이러한 다윗의 성전 건축을 막으셨다. 다윗은 전쟁터에서 많은 피를 흘렸고, 우리아의 아내 밧세바와 간통을 하고, 많은 첩들을 두는 등 사생활이 문란했으며, 아들 압살롬의 반역 사건 등 불의한 일로 율법을 어기는 일이 많았기 때문이었다. 다윗 왕은 성전 건축에 필요한 자재를 확보하고도 아들 솔로몬에게 성전 건축을 넘기게 되었다.

다윗은 아들 솔로몬에게 "여호와께서 너를 택하여 성전의 건물을 건축하게 하셨으니 힘써 행할지니라"라고 당부하고 그가 영감으로 얻은 모든 것, 곧 여호와의 성전의 뜰과 사면의 모든 방, 하나님의 성전 곳간, 성물 곳간의 설계도를 주고 또 제사장과 레위 사람의 반열과 여호와의 성전에서 섬기는 모든 일과 여호와의 성전을 섬기는 데에 쓰는 모든 금 그릇과 은그릇의 양식을 설명하고 여호와의 언약궤를 덮는 그룹을 둘 것을 당부했다. 그리고 솔로몬에게 "너는 강하고 담대하게 이 일을 행하라. 두려워하지 말며 놀라지 말라. 네가 여호와의 성전 공사의 모든 일을 마치기까지 여호와 하나님 이 네게서 떠나지 아니하시리라"고 격려했다(역대상 28장).

솔로몬의 성전 건축과 히람의 협조

하지만 솔로몬은 부족한 기술자와 건축 자재를 얻기 위해 두로 왕 히람에게 사절을 보내 아버지 다윗 왕이 거주할 궁궐을 건축할 때 백향목을 지원해준 것처럼 협조해달라고 부탁했다.

> 이제 청하건대 당신은 금, 은, 동, 철로 제조하며 자색 홍색 청색 실로 직조하며 또 아로새길 줄 아는 재주 있는 사람 하나를 내게 보내어 내 아버지 다윗이 유다와 예루살렘에서 준비한 나의 재주 있는 사람들과 함께 일하게 하고 또 레바논에서 백향목과 잣나무와 백단목을 내게로 보내소서 내가 알거니와 당신의 종은 레바논에서 벌목을 잘 하나니 내 종들이 당신의 종들을 도울지라(대하 2:7~8).

솔로몬은 자신이 건축하는 성전은 크고 화려할 것이라고 장담하고 두로 왕에게 찧은 밀, 보리, 포도주, 기름을 대가로 주겠다고 약속했다. 이

요청에 우상 숭배자인 두로 왕 히람은 크게 환영하며 곧 솔로몬에게 천지를 지으신 이스라엘의 하나님 여호와를 송축한다고 말하며 자기와 이름이 같은 히람을 기술자의 총감독으로 보냈다. 금 120달란트로 함께 보내주었다.

솔로몬은 성전 건축을 착수하면서 이스라엘 안에 와서 살던 이방 사람들 15만 3,600명을 소집했다. 그중에서 7만 명은 짐꾼이 되게 하였고 8만 명은 산에서 벌목하게 하였고 3,600명은 감독으로 삼아 백성들에게 일을 시키도록 했다. 성경은 하나님의 도성 옛 예루살렘 성은 건축 자재와 건축 기술자들 모두가 이스라엘이 아닌 이방인에 의해 세워졌다고 밝히고 있다.

두로의 기술자 히람은 성전 앞 뜰에 두 개의 큰 기둥을 세웠다. 이방인의 우상 숭배 풍습을 히람이 두 기둥으로 형상화해 슬며시 포함시킨 것으로 보인다.

> 성전 앞에 기둥 둘을 만들었으니 높이가 삼십오 규빗이요 각 기둥 꼭대기의 머리가 다섯 규빗이라 성소 같이 사슬을 만들어 그 기둥 머리에 두르고 석류 백 개를 만들어 사슬에 달았으며 그 두 기둥을 성전 앞에 세웠으니 왼쪽에 하나요 오른쪽에 하나라 오른쪽 것은 야긴이라 부르고 왼쪽 것은 보아스라 불렀더라(대하 3:15~17).

오른쪽 기둥의 이름 '야긴'은 '저가 세우리라'라는 뜻이고 왼편 기둥 '보아스'는 '그에게 능력이 있다'는 뜻을 갖고 있다. 성경은 두 기둥과 두 주상을 우상 숭배의 상징으로 보고 있다. "너는 그들의 신을 경배하지 말며 섬기지 말며 그들의 행위를 본받지 말고 그것들을 다 깨뜨리며 그들의 주상을 부수고"(출 23:24), 또 "너희는 자기를 위하여 우상을 만들지 말지니 조각한 것이나 주상을 세우지 말며 너희 땅에 조각한 석상을 세우고 그에게 경배하지 말라 나는 너희의 하나님 여호와임이니라"(레 26:1)라고 경고하고 있다. 우상화의 상징이 된 주상인 두 기둥은 나중에 바알의 신당에 세워지고 아세라 상이 되어 경배의 대상이 되었다. 하지만 훗날 여호람 왕 때 제거되었다.

> 그 바다를 놋쇠 황소 열두 마리가 받쳤으니 세 마리는 북쪽을 향하였고 세 마리는 서쪽을 향하였고 세 마리는 남쪽을 향하였고 세 마리는 동쪽을 향하였으며 바다를 그 위에 놓았고 소의 엉덩이는 다 안으로 향하였으며(대하 4:4).

두로의 기술자 히람은 다윗이 전쟁터에서 얻은 전리품인 놋으로 '바다'라고 불리는 열두 마리의 소가 받치고 있는 모양의 물 담는 큰 그릇을 제작했다. 바다는 성전의 동남쪽에 설치했다. 제사장들이 성전에 들어갈 때 몸을 씻고 또 제물로 바치는 동물들을 정결하게 씻는 기구로 사용했다. 그런데 왜 열두 마리의 소가 받치고 있는 모습으로 만들었을까?

물을 담는 놋 그릇 바다 모양은 직경 4.5미터, 두께 7.5미터, 둘레 13.5미터이고 가장자리는 놋초롱박으로 장식하고 열두 마리의 소가 두 줄로 서서 떠받들고 있다.

후에 아하스 왕은 놋바다 밑에 있던 열두 마리를 소를 빼내어 그 대신 돌로 받치고 이 놋바다를 앗수르 왕에게 조공으로 바쳤다고 한다. 또 이스라엘을 무너뜨린 바벨론 사람들이 깨뜨리고 그 조각들을 바벨론으로 가져갔다고 한다.

하지만 하나님은 우여곡절 끝에 예루살렘 도성에 성전이 완공되고 솔로몬 왕이 봉헌식을 올리자 그 성전을 받아주셨다. 하나님은 성전을 받아들이는 조건을 단호하게 제시하시고 생명을 걸고 지키라고 명령하셨다. 왜 큰 축복인 성전 준공을 받으시면서 율법으로 경계하셨을까?

하나님은 솔로몬 왕에게 "믿는 백성들은 악한 길에서 떠나 겸손히 기도하며 하나님을 경배하라"고 명령하시고 "네 아버지 다윗이 행한 것과 같이 내 명령에 순종하여 내 율례와 법규를 지키면 네 나라 왕위를 견고하게 하고 이스라엘을 다스릴 자가 네게서 끊어지지 아니하리라"고 말씀하셨다. 하지만 "너희가 만일 믿음을 버리고 내 율례와 명령을 거역하고 다른 신들을 섬겨 그들을 경배하면 너희에게 준 땅에서 그 뿌리를 뽑아내고 내 이름을 위하여 거룩하게 한 이 성전을 내 앞에서 버려 모든 민족 중에 속담거리와 이야깃거리가 되게 하신다"고도 경고하셨다(대상 7:17~20).

하나님은 예루살렘 성의 장래에 대해 "이 성전이 비록 높을지라도 그리로 지나가는 자마다 놀라 이르되 여호와께서 무슨 까닭으로 이 땅과 이 성전에 이같이 행하셨는고 하면 대답하기를 그들이 자기 조상들을 애굽 땅에서 인도하여 내신 자기 하나님 여호와를 버리고 다른 신들에게 붙잡혀서 그것들을 경배하여 섬기므로 여호와께서 이 모든 재앙을 그들에게 내리셨다 하리라 하셨더라"(대상 7:21~22)라고 예고하셨다.

솔로몬 왕은 20년이 걸린 성전 건축에 협조한 두로 왕 히람에게 갈릴리 땅의 성읍 20개를 주었다. 이곳은 후에 예수 그리스도께서 태어나신 지방이었다. 하지만 두로 왕은 "히람이 두로에서 와서 솔로몬이 자기에게 준 성읍들을 보고 눈에 들지 아니하여 이르기를 내 형제여 내게 준 이 성읍들이 이러한가 하고 이름하여 가불 땅이라 하였더니 그 이름이 오늘까지 있느니라"(왕상 9:12~13)라며 불평했다.

성전 건축을 마치고 하나님의 임재를 상징하는 하나님의 언약궤에 두 돌판을 담아 안치하자 하나님의 영광이 성전에 가득했다. 솔로몬 왕은 이스라엘 온 회중을 모으고 성전 봉헌식을 거행하며 "주의 종과 주의 백성 이스라엘이 이곳을 향하여 기도할 때에 주는 그 간구함을 들으시되 주께서 계신 곳 하늘에서 들으시고 들으시사 사하여 주옵소서" 라고 기도를 올렸다.

> 만일 어떤 사람이 그 이웃에게 범죄함으로 맹세시킴을 받고 그가 와서 이 성전에 있는 주의 제단 앞에서 맹세하거든 주는 하늘에서 들으시고 행하시되 주의 종들을 심판하사 악한 자의 죄를 정하여 그 행위대로 그 머리에 돌리시고 의로운 자를 의롭다 하사 그의 의로운 바대로 갚으시옵소서 만일 주의 백성 이스라엘이 주께 범죄하여 적국 앞에 패하게 되므로 주께로 돌아와서 주의 이름을 인정하고 이 성전에서 주께 기도하며 간구하거든 주는 하늘에서 들으시고 주의 백성 이스라엘의 죄를 사하시고 그들의 조상들에게 주신 땅으로 돌아오게 하옵소서(왕상 8:31~34).

솔로몬 왕은 즐겁고 기뻐해야 할 성전 봉헌식 기도에서 무려 7번이나 자신의 죄와 허물을 용서하시고 불쌍히 여기시고 은혜를 베풀어 선을 행할 길을 가르쳐달라고 간절히 기도했다. 그는 왜 죄를 자복하고 자비를 구했을까? 예루살렘 성 건축이 하나님의 법도대로 수행되지 못한 것을 알고 있었던 것인가? 아니면 건축 후에 잘못을 발견한 것일까? 솔로몬은 하나님께 화목제로 소 2만 2,000마리 양 12만 마리를 제물로 감사의 제사를 드렸다.

솔로몬의 치세와 타락

솔로몬은 성전 건축을 마치고 하나님께 일천번제를 드려 나라를 잘 다스리는 지혜를 얻고 지혜의 왕이 되었다. 성전 건축을 마친 솔로몬 왕은 중앙집권제로 국력 확장에 적극 나섰다. 전국을 열두 지방으로 만들고 곳곳에 요새를 건설하고 무역 항구를 확보했다. 병마를 늘리며 군대를 강화하고 광야였던 시리아를 점령하고, 요새 다드몰을 건축하고, 아시아로 가는 무역 거점 하맛에 국고성들을 건축하는 등 국토를 넓혀갔다. 이스라엘은 중동의 강력한 국가로 우뚝 섰다. 주변의 이방인을 굴복시킨 솔로몬은 이스라엘 사람들을 군대의 지휘관과 우두머리를 삼았다.

솔로몬 왕의 세입금의 무게가 금 660달란트였으며 기타 무역 수입이 막대했다. 그는 쳐서 늘인 금으로 큰 방패 200개와 작은 방패 300개를 만들었고 상아로 큰 보좌를 만들고 정금으로 입혔다. 또 마시는 그릇은 다 금이고 은을 귀하게 여기지 않았다. 주변 국가와의 협조를 위해 혼인을 하고 심지어 바로의 딸을 후궁으로 받아들이기까지 했다.

스바의 여왕이 여호와의 이름으로 말미암은 솔로몬의 명성을 듣고 와서 어려운 문제로 그를 시험하고자 하여 예루살렘에 이르니 수행하는 자가 심히 많고 향품과 심히 많은 금과 보석을 낙타에 실었더라 그가 솔로몬에게 나아와 자기 마음에 있는 것을 다 말하매 솔로몬이 그가 묻는 말에 다 대답하였으니 왕이 알지 못하여 대답하지 못한 것이 하나도 없었더라(왕상 10:1~3).

솔로몬의 명성은 중동 지역에 파다하게 번졌다. 에티오피아의 스바 여왕은 솔로몬의 모든 지혜와 그 건축한 왕궁과 신하들 시립한 것과 그들의 관복과 술 관원들과 여호와의 성전에 올라가는 계단을 보고 크게 감동하였다.

하지만 솔로몬은 나이가 들면서 죄인의 본성을 드러내기 시작했다. "배부르게 되면 향락을 찾고 음란에 빠진다"는 속담처럼 타락의 길을 걷기 시작했다.

솔로몬 왕이 바로의 딸 외에 이방의 많은 여인을 사랑하였으니 곧 모압과 암몬과 에돔과 시돈과 헷 여인이라 여호와께서 일찍이 이 여러 백성에 대하여 이스라엘 자손에게 말씀하시기를 너희는 그들과 서로 통혼하지 말며 그들도 너희와 서로 통혼하게 하지 말라 그들이 반드시 너희의 마음을 돌려 그들의 신들을 따르게 하리라 하셨으나 솔로몬이 그들을 사랑하였더라 왕은 후궁이 칠백 명이요 첩이 삼백 명이라 그의 여인들이 왕의 마음을 돌아서게 하였더라(왕상 11:1~3).

여러 나라에서 온 이방 여인들은 나이 많은 솔로몬 왕의 마음을 돌려 다른 신들을 따르게 하였다. 시돈 사람의 여신 아스다롯을 따르고, 암몬 사람의 가증한 밀곰을 믿게 하였고, 모압의 가증한 그모스를 위해 예루살렘 성 앞산에 신당을 짓고 암몬 자손의 몰록을 모시게 했다. 솔로몬 왕은 여호와의 눈앞에서 악을 행하여 이방 여인들이 우상에게 제사를 지내고 분향을 하도록 방치했다. 하나님은 솔로몬 왕이 마음이 변하여 하나님을 떠나 율법을 무시하자 진노하셨다.

> 여호와께서 솔로몬에게 말씀하시되 네게 이러한 일이 있었고 또 네가 내 언약과 내가 네게 명령한 법도를 지키지 아니하였으니 내가 반드시 이 나라를 네게서 빼앗아 네 신하에게 주리라(왕상 11:11).

지혜롭게 시작하고 부귀영화를 마음껏 누리고 하나님의 성전을 건축했던 솔로몬 왕은 말년에 제멋대로 살아온 인생을 돌아보며 천하에 범사는 기한이 있고 모든 목적이 이룰 때가 있다고 말하고 헛되고 헛되다고 한탄했다. "어떤 사람은 그 지혜와 지식과 재주를 다하여 수고하였어도 그가 얻은 것을 수고하지 아니한 자에게 그의 몫으로 넘겨주리니 이것도 헛된 것이며 큰 악이로다. 사람이 해 아래에서 행하는 모든 수고와 마음에 애쓰는 것이 무슨 소득이 있으랴. 일평생에 근심하며 수고하는 것이 슬픔뿐이라 그의 마음이 밤에도 쉬지 못하나니 이것도 헛되도다. 사람이 먹고 마시며 수고하는 것보다 그의 마음을 더 기쁘게 하는 것은 없나니 내가 이것도 본즉 하나님의 손에서 나오는 것이로다. 아, 먹고 즐기는 일을 누가 나보다 더 해 보았으랴. 하나님은 그가 기뻐하시는 자에게는 지혜와 지식과 희락을 주시나 죄인에게는 노고를 주시고 그가 모아 쌓게 하사 하나님을 기뻐하는 자에게 그가 주게 하시지만 이것도 헛되어 바람을 잡는 것이로다"(전도서)라고 고백했다.

예루살렘 성의 수난

실패한 예루살렘 성을 건설하고 그곳에서 호사스러운 권력자로 40년을 살았던 솔로몬 왕이 죽자 아들 르호보암이 이스라엘의 왕이 되었다. 르호보암은 백성들의 고된 노역과 세금을 감면해달라는 청원을 거부하는 폭정을 일삼았다. 그는 선조들처럼 18명의 아내와 60명의 후궁을 두었고 28명의 아들과 60명의 딸을 낳았다. 하지만 르호로암의 치정을 반대하는 북쪽 지파들이 반란을 일으켜 여로보암을 왕으로 삼고 북이스라엘을 세워 남유다와 분리하게 되었다.

이때부터 예루살렘 성은 수많은 수난의 역사를 겪게 되었다. BC 587년, 바벨론의 느부갓네살 왕에 의해 멸망하고 폐허가 되고 이스라엘 사람들은 포로로 잡혀갔다. 다시 바사 왕 고레스에 의해 해방되어 귀환한 느헤미야와 이스라엘 백성들은 다시 성읍을 재건했으나 BC 63년 로마의 폼페이우스가 예루살렘 성의 성벽을 허무는 등 횡포를 일삼았고, 유대의 총독 헤롯 대왕이 다시 수축을 했다.

신약 시대에 와서 로마 제국의 통치 아래 있었던 예루살렘 성은 예수 그리스도께서 활동하신 중요한 무대가 되었다. 특히 예수 그리스도께서 인류를 구원하시려고 십자가 위에서 죽으시고 3일 만에 부활하신 다음 성령의 강림과 교회의 탄생지가 되었다. 하지만 AD 66년 로마의 악정에 항거하는 사람들을 진압하는 과정에서 디도 장군에 의해 예루살렘 성이 함락되어 비참한 멸망을 맞았다. 그 후 예루살렘 성은 로마의 콘스탄티누스 대제에 의해 기독교가 공인 종교로 인정받고 성도들의 종교 구심점이 되는 도시가 되었다.

하지만 그것도 잠시, AD 673년 이슬람교도들이 예루살렘을 점령하게 되었고, 이슬람의 창시자 마호메트가 예루살렘에서 승천하면서 예루살렘 성은 이슬람의 메카와 메디나에 이어 제 3의 성지가 되었다.

신약 시대에 와서 예루살렘 성은 하나님이 버리신 옛 도성이 되었다.

지금 팔레스타인에 있는 옛 예루살렘 성은 잃은 나라를 되찾겠다고 나선 이스라엘의 유대교와 현재 차지하고 있는 이슬람, 그리고 옛것을 그리워하는 기독교가 서로 눈독을 들이며 쟁탈전을 벌이는 격전지가 되었다. 종교 분쟁의 중심지가 된 옛 예루살렘 성은 세계를 전쟁의 공포 속에 몰아넣는 화약고가 되고 있다.

옛 예루살렘 성을 건설한 다윗과 솔로몬 왕은 허물이 많고 율법적으로 큰 죄를 지은 사람이었다. 하나님은 이들을 허락하시고 인정하시고 받아주셨다. 하지만 그 예루살렘 성은 험난한 역사에 시달리다가 결국은 무너지고 말았다. 거기에는 어떤 비밀이 있을까? 예수 그리스도의 세계 안에서 하나님의 씨 뿌리는 우주 경영 법칙으로 찾아보아야 한다.

> 누가 지혜가 있어 이런 일을 깨달으며 누가 총명이 있어 이런 일을 알겠느냐 여호와의 도는 정직하니 의인은 그 길로 다니거니와 그러나 죄인은 그 길에 걸려 넘어지리라(호 14:9).

우리는 죄인의 신분으로 예수 그리스도를 영접하고 믿음으로 거룩하게 되었다. 성경 마태복음 1장을 보면 오실 메시야의 족보가 기록되어 있다. 예수 그리스도의 조상들을 보면 사기꾼, 살인자, 음란한 자 등 태반이 의롭지 못한 삶의 발자국을 남기고 있다. 왜 하나님은 그러한 사람들을 구원의 역사에 등용하셨을까, 의문이 생긴다. 하지만 하나님은 죄를 깨닫게 하는 율법을 주시고 거룩하게 변화시키려 하셨다. 그 족보에 옛 예루살렘을 건설한 다윗과 솔로몬도 등장한다.

자비로우신 하나님은 연약한 인간을 아시고 그 마음의 중심을 보시고는 예루살렘을 인정하고 받아주셨지만 제대로 지키지 못할 것을 아시고 버리셨다.

옛 예루살렘 성에서 로마의 총독 빌라도로부터 사형 선고를 받으신 예수 그리스도는 십자가 위에서 "나의 하나님, 나의 하나님, 어찌하여 나를 버리셨나이까"라고 말씀하셨다. 예수 그리스도께서는 성경에 예언된 바와 같이 십자가 고난을 감당하셨다. 선택받은 이스라엘 민족의 율법적 역할이 끝났다는 비밀이 담겨 있다. 아브라함의 족보는 예수 그리스도께서 결혼을 하시지 않고 단절되었다는 것과 이스라엘의 구원의 도구로서의 사명이 종지부를 찍었다는 뜻이 내포되어 있다. 그리스도께서 생명을 버리심은 새로운 생명의 시작을 말한다. 이를 신학, 교리로부터 영적 변화와 거듭남, 거룩한 믿음, 삶의 변화, 세상을 변화시킴, 새 예루살렘 건설에 이르기까지 광범위한 뜻으로 받아들여야 한다.

옛 예루살렘 성은 출발 때부터 인간의 정치, 경제, 국방을 목적으로 한 인본주의적 노력으로 건설되었다. 하나님 우선의 법질서를 무시하고 인간의 편의를 도모하고 나서 옛 예루살렘 성을 건설하려는 기회를 마귀는 놓치지 않았다. 마귀의 앞잡이 두로 왕은 이스라엘의 솔로몬 왕 죽이기에 나섰다. 그 흉계에 솔로몬도 예루살렘 성도 무너지고 말았다. 그것은 하나님의 뜻과 법을 위반하는 큰 사건이었다.

하나님은 계명과 법도를 무시하는 배신행위를 결코 묵과하시지 않는다.

만일 너희나 너희의 자손이 아주 돌아서서 나를 따르지 아니하며 내가 너희 앞에

둔 나의 계명과 법도를 지키지 아니하고 가서 다른 신을 섬겨 그것을 경배하면

내가 이스라엘을 내가 그들에게 준 땅에서 끊어 버릴 것이요 내 이름을 위하여 내

가 거룩하게 구별한 이 성전이라도 내 앞에서 던져버리리니 이스라엘은 모든 민

족 가운데에서 속담거리와 이야기거리가 될 것이며(왕상 9:6~7).

하나님께서 사전에 엄중하게 경고하신 말씀은 정확하다. 현대 역사 속
에서 이스라엘 민족의 흩어짐과 영적 구심점인 옛 예루살렘 성의 비극으
로 나타났다.

하나님이 만드신 법의 숲 속에서 헤매는 인생들에게는 미래를 향한
소망이 있다. 그것은 하나님께서 새 예루살렘을 예비하고 계신다는 사
실이다. 천국을 대비하는 성도들의 믿음 생활을 지도하고 복음을 전파
하게 하시는 축복이다. 예수 그리스도께서는 새 예루살렘을 건설할 성
도들에게 "이르시되 진실로 진실로 네게 이르노니 사람이 거듭나지 아니
하면 하나님의 나라를 볼 수 없느니라"(요 3:3)고 말씀하셨다.

새 예루살렘 성을 통해 하나님 나라에 대한 예비 훈련을 받으라고 하
신다. 성경은 "우리는 하나님의 동역들이요 하나님의 밭이요 하나님의
집이라"(고전 3:9)면서 천국으로 초청을 받은 성도만이 새 예루살렘 성을
건설할 자격이 있다는 것을 암시하고 그리스도께서는 성도들을 거룩한
하나님의 백성으로 변화시켜주셨다고 증언하고 있다.

하나님의 모든 자비하심으로 너희를 권하노니 너희 몸을 하나님이 기뻐하시는

거룩한 산 제물로 드리라 이는 너희가 드릴 영적 예배니라 너희는 이 세대를 본받

지 말고 오직 마음을 새롭게 함으로 변화를 받아 하나님의 선하시고 기뻐하시고 온전하신 뜻이 무엇인지 분별하도록 하라(롬 12:1~2).

성도는 말씀의 권고를 마음에 깊이 새기고 순종하며 영광된 새 예루살렘 건설에 동참해야 한다. 성령께서 함께하시는 소망의 시대는 하나님의 온전하신 뜻을 따라 세상을 새롭게 변화시켜야 한다. 성경은 분명히 "이 세상은 그리스도의 날 멸망하고 새 하나님 나라로 창조될 것"이라고 경고하고 있다. "너희는 유혹의 욕심을 따라 썩어져 가는 구습을 따르는 옛 사람을 벗어 버리고 오직 너희의 심령이 새롭게 되어 하나님을 따라 의와 진리의 거룩함으로 지으심을 받은 새 사람을 입으라"(엡 4:22~24)면서 거룩한 도성에서 오실 그리스도를 맞을 준비를 서둘러야 한다고 충고한다.

거룩한 성, 새 예루살렘

이기는 자는 내 하나님 성전에 기둥이 되게 하리니 그가 결코 다시 나가지 아니하리라 내가 하나님의 이름과 하나님의 성 곧 하늘에서 내 하나님께로부터 내려오는 새 예루살렘의 이름과 나의 새 이름을 그이 위에 기록하리라(계 3:12).

새 예루살렘 성은 하나님의 교회다. 예수 그리스도께서 친히 교회의 머리가 되시고 성도들을 지체로 삼아주셨다. 성경은 "너희는 하나님의 성전인 것과 하나님의 성령이 너희 안에 계시는 것을 알지 못하느냐"(고전 3:16)고 우주 안에 충만하신 하나님께서 아들이며 제사장인 인간 안에 거하시며 경배받기를 원하신다고 밝히고 있다. 예수 그리스도 안에 있는 성도는 새 이스라엘이 되어 새 예루살렘성에서 하나님께 영광을 드리는 것이 마땅하다.

새 예루살렘 성은 어디에서, 어떻게, 어떤 모양으로 건설할 것인지 성경은 명확하게 제시해주지 않고 있다. 예비되어 있는 새 예루살렘은 거룩한 성도가 신본주의적 믿음으로 건설해야 한다. 그리스도의 제자인 성도들이 영감으로 설계도를 만들고, 건축 자재를 준비하고, 그들의 기술과 땀으로 세워야 한다.

> 또 내가 보매 거룩한 성 새 예루살렘이 하나님께로부터 하늘에서 내려오니 그 준비한 것이 신부가 남편을 위하여 단장한 것 같더라(계 21:2).

새 예루살렘은 영원한 하나님 나라가 아니다. 그리스도께서 심판하실 때까지 성도들이 살아가야 할 이 세상의 마지막 거룩한 도성이다. 신랑되신 예수 그리스도를 영접할 신부 성도들이 잠시 머물다가 가는 곳이다. 성경은 새 예루살렘이 하늘로부터 내려올 것이라고 예언하고 있다.

어떻게 엄청난 큰 도성 예루살렘 성이 하늘에서 내려올 수 있다는 것일까? 하나님이 창조의 능력으로 큰 도시 규모의 새 예루살렘 성을 하늘 높은 곳에서 제작하시고 엄청나게 큰 기중기에 매달아 이 땅 위에 내려보내 주신다는 것인가? 인간의 상식으로 이해할 수 없는 기적으로 이루어주신다는 것일까?

이는 성도가 성전이라고 하는 비밀스러운 말씀의 비유로 깨달아야 한다. 새 예루살렘은 하나님 나라의 모형이다. 성령으로 충만한 성도들이 말씀의 설계도를 따라 하나님의 축복으로 마련하는 자재를 가지고 건설하는 것이다. 풍성한 성령의 은사를 공급받은 성도들이 멋진 기술로 십자가를 지고 건설하는 것이다. 새 예루살렘 성은 하나님을 모신 성전을 중심으로 그 아들들이 거주할 삶의 터전인 도시를 건설하는 것이다.

예루살렘이여 내가 너의 성벽 위에 파수꾼을 세우고 그들로 하여금 주야로 계속 잠잠하지 않게 하였느니라 너희 여호와로 기억하시게 하는 자들아 너희는 쉬지 말며 또 여호와께서 예루살렘을 세워 세상에서 찬송을 받게 하시기까지 그로 쉬지 못하시게 하라(사 62:6~7).

새 예루살렘을 건설할 성도가 누구인지, 또 그 시기와 그 장소는 어디인지 아직 베일에 가려져 있다. 성경은 이스라엘을 회복하실 때를 궁금해하는 사람들에게 그 때와 시기는 아버지께서 자기의 권한에 두셨으니 알 바 아니라고 설명하고 "오직 성령이 너희에게 임하시면 너희가 권능을 받고 예루살렘과 온 유대와 사마리아와 땅 끝까지 이르러 내 증인이 되리라 하시니라"(행 1:8)라고 밝히고 있다.

그날까지 우리는 하나님의 말씀 안에서 진리의 법에 순종해야 한다. 우리는 하나님께서 공급해주시는 은혜 아래서 모든 생존에 필요한 정치, 경제, 관습, 문화의 삶을 온전하신 하나님의 법에 맡기고 살아야 한다. 마지막 방해에 열을 올리고 있는 악과의 싸움에서 이기며 거룩한 도성을 만들고 안녕과 질서 아래 번성해나가야 한다.

무릇 하나님께로부터 난 자마다 세상을 이기느니라 세상을 이기는 승리는 이것
이니 우리의 믿음이니라(요일 5:4).

지금까지 인간들은 참된 사랑을 하려고 저 광활하고 신비함 우주를 바라보며 철학, 문화, 종교를 통해 많은 노력을 해왔지만 흉내를 내고 모양만 내는 미완성의 늪에서 방황해왔다.

사랑의 계명은 하나님의 뜻을 예측하는 법칙이다. 미래에 보장된 하나님의 사랑을 믿을 수 있는 법적 장치다. 예수 그리스도께서는 사랑의 새 계명을 새 예루살렘 도성에서의 삶의 지침으로 주셨다. 하나님과 인간이 하나가 되고 천하가 통일되는 그날을 위한 사명을 감당할 원동력이다. 참사랑은 창조의 완성을 소망하는 믿음의 결국이기 때문이다. 옛 계명, 율법을 십자가 위에서 완성하신 예수 그리스도께서는 이 세상을 심판하시는 날까지 최후의 발악을 하고 있는 악과의 영적 싸움에 지친 성도들에게 믿음으로 담대하라고 격려하셨다. 새 예루살렘 도성에서 세상을 이길 수 있는 믿음으로 인생을 잘 영농하며 다가올 영생의 천국을 대비하라는 것이다.

우리가 소망하는 구원은 하나님과 하나가 되어 영원한 행복을 누리는 것이다. 피조물이 감히 하나님과 하나가 될 수 있는가? 하나님은 성경을 통해 미래에 있을 놀라운 비밀을 알려주고 있다. 하지만 이 예언을 어떻게 믿을 수 있는가.

성경의 계시와 성령의 법과 하나님의 씨 뿌리는 우주 경영 법칙을 통해 잘 살펴보면 확인할 수 있다. 법의 숲에서 태어난 인간은 누구나 자기 인생 밭에 자신의 사랑을 심고, 가꾸고, 수확한다. 진리 안에서 예비

하신 그 영농의 보상을 받는 것이다. 새 예루살렘 성의 건설은 그 표상이기도 하다.

하나님의 사랑이 충만한 도성

> 하나님이 우리를 사랑하시는 사랑을 우리가 알고 믿었노니 하나님은 사랑이시
> 라 사랑 안에 거하는 자는 하나님 안에 거하고 하나님도 그의 안에 거하시느니
> 라(요일 4:16).

새 예루살렘 성은 어떤 곳일까? 예측의 법칙으로 바라보기로 한다.

새 예루살렘 성은 그리스도의 참 빛이 어두운 악을 몰아내고 사랑으로 충만한 곳이다. 성경은 옛것이 없어지고 하나님께로부터 내려오는 거룩한 성 예루살렘은 그 준비하는 것이 신부가 남편을 위하여 단장한 것 같다고 말한다. 그때의 광경에 대해 "모든 눈물을 그 눈에서 닦아 주시니 다시는 사망이 없고 애통하는 것이나 곡하는 것이나 아픈 것이 다시 있지 아니하리니 처음 것들이 다 지나갔음이러라"(계 21:4)면서 하나님이 만물을 새롭게 하신다고 밝히고 있다. 그리스도께서 "나는 알파와 오메가요 처음과 마지막이라 내가 생명수 샘물을 목마른 자에게 값없이 주리니 이기는 자는 이것들을 상속으로 받으리라 나는 그의 하나님이 되고 그는 내 아들이 되리라"(계 21:7~8)고 예언하셨다. 그곳은 영원한 하나님 나라를 상속받을 성도들이 적응 훈련을 받는 곳으로 예측할 수 있다.

성경은 새 예루살렘은 수정과 같이 맑은 생명수가 흐르고, 생명나무

가 열매를 맺고 구원받은 만국 성도를 치료할 것이며, 심판하실 그리스도의 생명책에 기록된 자만이 들어갈 수 있다고 말한다.

새 예루살렘 성에는 저주가 없을 것이다. 성경은 "그 때에 이리가 어린 양과 함께 살며 표범이 어린 염소와 함께 누우며 송아지와 어린 사자와 살진 짐승이 함께 있어 어린 아이에게 끌리며 암소와 곰이 함께 먹으며 그것들의 새끼가 함께 엎드리며 사자가 소처럼 풀을 먹을 것이며 젖 먹는 아이가 독사의 구멍에서 장난하며 젖 뗀 어린 아이가 독사의 굴에 손을 넣을 것이라 내 거룩한 산 모든 곳에서 해 됨도 없고 상함도 없을 것이니 이는 물이 바다를 덮음 같이 여호와를 아는 지식이 세상에 충만할 것임이니라"(사 11:6~9)라고 예언하고 있다.

성경을 통해 미래를 예측하며 믿음으로 승리하는 성도들에게 "또 그가 내게 말하기를 이 말은 신실하고 참된지라 주 곧 선지자들의 영의 하나님이 그의 종들에게 반드시 속히 되어질 일을 보이시려고 그의 천사를 보내셨도다 보라 내가 속히 오리니 이 두루마리의 예언의 말씀을 지키는 자는 복이 있으리라 하더라"(계 22:6~7)고 증언하며 두루마리(성경)의 말씀을 닫지 말고 지키라고 선지자 요한을 통해 충고한다.

알파와 오메가 되시는 예수 그리스도께서는 때가 가까웠다고 경고하시며 "불의를 행하는 자는 그대로 불의를 행하고 더러운 자는 그대로 더럽고 의로운 자는 그대로 의를 행하고 거룩한 자는 그대로 거룩하게 하라 보라 내가 속히 오리니 내가 줄 상이 내게 있어 각 사람에게 그가 행한 대로 갚아 주리라"(계 22:11~12)고 말씀하셨다.

이는 그리스도 예수 안에 있는 생명의 성령의 법이 죄와 사망의 법에서 너를 해방 하였음이라(롬 8:2).

우리들의 모든 염려는 미래에 대한 불안에서 나온다. 그 심각한 문제를 예수 그리스도께서 생명과 성령의 법으로 해결해주셨다. 얼마나 고대하던 멋진 말씀인가! 이 언약을 믿는 사람만이 구원을 얻고 새 하나님 나라에 들어가 영원히 살 수 있다.

미래를 바라보는 예측의 법칙으로 우리들의 우주적인 생명의 문제에 대해 살펴보았다. 앞으로 살아갈 날들이 얼마나 소중한 것인지, 살아가야 할 목적은 무엇인지, 어떤 삶을 살아야 할 것인지, 법의 숲에서 진리를 찾아 헤매는 인생들의 생명으로 다가가는 믿음에 큰 도움이 되었으면 좋겠다.